W0180530

Stichwort

30. Januar 1933

Dr. Peter Longerich

Originalausgabe

WILHELM HEYNE VERLAG
MÜNCHEN

HEYNE SACHBUCH
Nr. 19/4016

REDAKTION:
Sabine Braun

FACHLEKTORAT:
Dr. Max Proske

GRAFIKEN:
Michael Lörcher

KONZEPTION UND REALISATION:
Christine Proske
(Ariadne Buchproduktion)

Copyright © 1992
by Wilhelm Heyne Verlag GmbH & Co. KG, München
Printed in Germany 1992
Umschlaggestaltung: Kaselow-Design
Herstellung: H+G Lidl, München
Satz: Satz & Repro Grieb, München
Druck und Verarbeitung: Pressedruck, Augsburg

ISBN 3-453-06040-7

Inhalt

I. Der 30. Januar 1933

Am 30. Januar 1933, einem Montag, kurz nach 11 Uhr, ernannte der Reichspräsident Paul von Hindenburg in seinem Berliner Amtssitz den *Führer* der *Nationalsozialistischen Deutschen Arbeiterpartei (NSDAP)*, Adolf Hitler, zum Reichskanzler des Deutschen Reiches und vereidigte ihn, den zum Vizekanzler ernannten Franz von Papen und die übrigen Mitglieder des neuen Kabinetts. Die Bildung einer neuen Regierung war notwendig geworden, nachdem Reichskanzler Kurt von Schleicher am 28. Januar seinen Rücktritt erklärt hatte. Das neue Regierungsbündnis kam jedoch erst nach schwierigen, immer wieder vom Scheitern bedrohten Verhandlungen zustande, die von Papen mit der NSDAP, der *Deutschnationalen Volkspartei (DNVP)* und dem *Wehrverband Stahlhelm* geführt hatte.

Für viele zeitgenössische Betrachter schien das *Kabinett Hitler/von Papen* lediglich eine um wenige Nationalsozialisten ergänzte rechtskonservative Regierung zu sein, die sich von ihren Vorgängern nicht grundsätzlich unterschied. Vier Minister waren aus der alten Regierung übernommen worden; neben insgesamt acht konservativen Ressortchefs standen dem Reichskanzler Hitler nur zwei Nationalsozialisten zur Seite: Wilhelm Frick als Innenminister und Hermann Göring als Minister ohne Geschäftsbereich und kommissarischer preußischer Innenminister. Allerdings sollte sich schon nach wenigen Wochen herausstellen, daß es sich bei diesen beiden Ministerien um Schlüsselressorts handelte.

Die Regierungsparteien verfügten zu diesem Zeitpunkt über keine Mehrheit: Bei den letzten Reichstagswahlen am 6. November 1932 hatte die NSDAP 33,1, die DNVP nur 8,9 Prozent der Stimmen erreicht. So war auch die neue Regierung, wie ihre Vorgänger, auf das Notverord-

Kabinett Hitler / von Papen

Reichskanzler: Adolf Hitler

Stellvertreter des Reichskanzlers und Reichskommissar für das Land Preußen: Franz von Papen

Reichsminister des Auswärtigen: Konstantin Freiherr von Neurath

Reichsminister des Innern: Wilhelm Frick

Reichsjustizminister: Franz Gürtner

Reichswehrminister: Generalleutnant Werner von Blomberg

Reichsminister der Finanzen: Johann Ludwig Graf Schwerin von Krosigk

Reichswirtschaftsminister und Reichsminister für Ernährung und Landwirtschaft: Alfred Hugenberg

Reichsarbeitsminister: Franz Seldte

Reichspost- und Reichsverkehrsminister: Paul Freiherr von Eltz-Rübenach

Reichsminister ohne Geschäftsbereich, Reichskommissar für den Luftverkehr, gleichzeitig betraut mit der Wahrnehmung der Geschäfte des Preußischen Ministeriums des Innern: Hermann Göring

Reichskommissar für die Arbeitsbeschaffung: Günther Gereke

nungsrecht des Reichspräsidenten angewiesen. Durch ihre scheinbar erdrückende Mehrheit im Kabinett und durch ihre besonders guten Beziehungen zu von Hindenburg und seiner Umgebung glaubten die rechtskonservativen Kräfte um von Papen, den von ihnen »eingerahmten« Hitler »zähmen« zu können. Hitler aber verfolgte von vornherein das Ziel, sich aus eben dieser Abhängigkeit herauszulösen.

Bereits in der ersten Kabinettssitzung, die am Nachmittag des 30. Januar stattfand, drängte Hitler daher auf

Neuwahlen und fand mit seiner Forderung bei der Mehrheit der Minister Zustimmung. Er versicherte, daß auch bei veränderten Mehrheitsverhältnissen die bisherige Zusammensetzung des Kabinetts nicht geändert werde. Hitler verfolgte das taktische Kalkül, in dem bevorstehenden Wahlkampf durch eine nochmalige Mobilisierung des Massenanhangs der NSDAP, die außerdem jetzt den Staatsapparat für ihre Zwecke nutzen konnte, seine Partei zur dominierenden Kraft zu machen; denn schon zu diesem Zeitpunkt plante er, durch ein vom neuen Reichstag zu verabschiedendes Ermächtigungsgesetz sich jene Sondervollmachten zu verschaffen, die ihn aus der Abhängigkeit vom Reichspräsidenten befreien und damit zugleich die Einflußnahme seiner Koalitionspartner innerhalb der Regierung entscheidend mindern würden. In der Tat sollte es ihm gelingen, in der am nächsten Tag stattfindenden Kabinettssitzung einen Beschluß zur Auflösung des Reichstags herbeizuführen. Verhandlungen mit dem Zentrum über eine Beteiligung an der Regierung, von Hitler nur zum Schein geführt, waren zu diesem Zeitpunkt bereits gescheitert; auch von Hindenburg mußte nun einsehen, daß sich die Regierungsbasis nicht mehr erweitern ließ, und stimmte der Auflösung des Parlaments zu. Die Neuwahlen wurden für den 5. März angesetzt.

Um seine konservativen Koalitionspartner über seine wahren Absichten zu täuschen, gab sich Hitler in diesen Tagen bewußt konziliant. So vermied er es, die Übernahme der Regierungsgewalt als eine nationalsozialistische »Machtergreifung« zu bezeichnen; vielmehr stellte er die erste Phase seiner Regierungstätigkeit unter die Parole der »Nationalen Revolution«. Die tatsächlichen, radikaleren Zielsetzungen dokumentieren etwa die Tagebücher von Hitlers Propagandachef Joseph Goebbels, der die Ernennung von konservativen Ministern als »Schönheitsfehler« bezeichnete, der »ausradiert« werden müßte.

Am Abend des 30. Januar feierten die Nationalsozialisten ihren Sieg mit einem Fackelzug durch das Brandenburger Tor. Die spätere Gleichschaltung des Rundfunks vorwegnehmend, gelang es Goebbels, die Veranstaltung im Rahmen einer Sondersendung zu kommentieren.

Die Ernennung Hitlers zum Reichskanzler wurde allgemein mit Überraschung registriert. Unter den Anhängern der Nationalsozialisten und ihren Verbündeten kam es, wie in Berlin, zu spontanen Freudenkundgebungen; bei den Opponenten der NSDAP dagegen machten sich Niedergeschlagenheit und Verzweiflung breit, die ersten weitsichtigen NS-Gegner tauchten unter oder bereiteten ihre Flucht ins Ausland vor. Die vorherrschende Einstellung in der Bevölkerung allerdings scheint Gleichgültigkeit gewesen zu sein; im dritten Krisenwinter, gekennzeichnet durch Millionen Arbeitslose und Massenelend, ließ ein weiterer Wechsel der Regierung – und um den schien es sich zunächst lediglich zu handeln – keine grundlegende Änderung der miserablen Verhältnisse erwarten.

In ihren Abendkommentaren begrüßten die nationalsozialistischen und deutschnationalen Zeitungen die Regierungsbildung enthusiastisch. Einige demokratisch orientierte Blätter sagten ein schnelles Scheitern der neuen Regierung voraus. Die *Kommunistische Partei (KPD)* forderte in einem Aufruf den sofortigen »Massenstreik« der Arbeiterschaft. Die *Sozialdemokratie (SPD)* rief zu einem einheitlichen Vorgehen auf dem Boden der Verfassung auf. Von einem Zusammengehen mit den Kommunisten versprach man sich bei der SPD nichts; solange die neue Regierung die Verfassung achte, sei der Zeitpunkt für einen Generalstreik nicht gekommen. Die Gewerkschaften gaben sich anpassungsbereit: Eine abwiegelnde Erklärung mahnte zu besonnenem Handeln.

Mit der Ernennung Hitlers zum Kanzler am 30. Januar 1933 hatten die Nationalsozialisten noch nicht automatisch die ganze Macht in Händen. Der 30. Januar markiert vielmehr nur die erste Stufe eines sich noch über Monate hinziehenden Prozesses, in dessen Verlauf es der NSDAP gelingen sollte, eine totalitäre Diktatur zu errichten. So geschickt die Nationalsozialisten in den nächsten Wochen und Monaten auch taktierten, sie hätten ihre Ziele wohl nie erreicht, wenn sie nicht durch große Teile der traditionellen Führungsschichten in Politik, Militär, Beamtenschaft und Wirtschaft aktiv unterstützt oder zumindest passiv geduldet worden wären, wenn nicht die demokratischen Kräfte auf so eklatante Weise versagt hätten. So vielschichtig wie die Gründe für die Durchsetzung der NSDAP nach dem 30. Januar 1933 sind auch die Ursachen, die zur Ernennung Hitlers führten. Der folgende Überblick konzentriert sich auf drei Sachverhalte:

1. Auch wenn Hitler nicht durch Wahlen an die Macht kam, so ist nicht zu übersehen, daß die nationalsozialistische Massenbasis für Hitlers Erfolg unverzichtbar war. Diese Attraktion der NS-Bewegung bedarf einer Erklärung.
2. Da die Entscheidung zur Ernennung Hitlers nicht unmittelbar durch die Wähler oder das Parlament, sondern durch den Reichspräsidenten gefällt wurde, ist die Vorgeschichte dieses folgenschweren Entschlusses aufzuklären. Dabei muß das Zusammenspiel der verschiedenen einflußreichen Parteien, Verbände und Interessengruppen in der Umgebung des greisen Reichspräsidenten einerseits und das Vorgehen der nationalsozialistischen Führung andererseits betrachtet werden.
3. Die Frage nach dem Erfolg Hitlers ist nicht von der Frage nach dem Scheitern der ersten deutschen Demokratie zu trennen. Die Belastungen, Defizite und strukturellen Schwächen der Weimarer Republik sind ebenso darzustellen wie das Verhalten der republikanischen Führungsschicht.

II. Die Nachkriegskrise und Anfänge der NSDAP (1918–1923)

Die Weimarer Republik hatte von Anfang an mit einer Reihe von schwerwiegenden Hypotheken zu kämpfen. Viele dieser Belastungen der ersten deutschen Demokratie ergaben sich unmittelbar aus dem Ersten Weltkrieg und der Revolution von 1918/19.

1. Die Auswirkungen des Ersten Weltkriegs

Die Niederlage im Ersten Weltkrieg kam für die deutsche Öffentlichkeit völlig unerwartet: Als die Heeresleitung Ende September 1918 überraschend forderte, die alliierten Kriegsgegner um einen Waffenstillstand zu ersuchen, war dies ein traumatischer Schock für das nationale Selbstbewußtsein.

Durch diese unerwartete Niederlage fiel den demokratischen Parteien, also den Sozialdemokraten, dem *Zentrum* und der linksliberalen *Deutschen Demokratischen Partei (DDP)*, die Macht zu. Während einer Übergangsphase, in der Prinz Max von Baden eine Regierung auf parlamentarischer Grundlage führte, steigerte sich die allgemeine Unzufriedenheit im Lande. Sie mündete Anfang November in eine von der Hochseeflotte ausgehende, schnell um sich greifende Aufstandsbewegung; in vielen Städten des Reiches ging die Macht auf Arbeiter- und Soldatenräte über. Angesichts dieser revolutionären Strömungen übernahm der Führer der Mehrheitssozialdemokratie, Friedrich Ebert, die Regierungsgeschäfte: Er ließ sich von Max von Baden das Amt des Reichskanzlers übergeben und bildete am 10. November 1918 gemeinsam mit der *Unabhängigen Sozialdemokratischen Partei (USPD)*, die sich 1917 von der Mehrheits-SPD abgespalten hatte, einen sechsköpfigen Rat der Volksbeauftragten, der sich die Reichsministerien unterstellte. Die sozialdemokratische Führung besaß aber in dieser Situation kein Konzept. Sie war zudem dazu gezwungen, die Last der Verantwortung für die nun folgende innen- wie außenpolitische Abwicklung des Krieges zu übernehmen. Schon bald mußte sie erleben, wie die alte Führung ihr auch die Schuld an der militärischen Niederlage zuschob, indem sie die Legende vom *Dolchstoß* der Heimat in den Rücken des Heeres in die Welt setzte.

Die Sozialdemokratie unter Führung Friedrich Eberts setzte alles daran, ein unkontrollierbares Ausbreiten der Revolution zu verhindern. Aus diesem Grunde ließ Ebert die Beamtenschaft in den Reichsbehörden unangetastet. Ferner schloß er schleunigst ein »Bündnis« mit der Obersten Heeresleitung und entschied sich, möglichst bald eine Nationalversammlung einzuberufen und ihr alle weiteren politischen und gesellschaftlichen Umgestaltungen zu überlassen.

Das Abstoppen der revolutionären Bewegung durch die Führung der Mehrheitssozialdemokratie belastete ihr Verhältnis zur USPD und zu den radikalen Kräften in der Rätebewegung schwer. Die USPD trat aus der Regierung aus, die KPD wurde gegründet; im Dezember 1918 und im Januar 1919 kam es in Berlin zu Unruhen, die blutig niedergeschlagen wurden.

In den nächsten Wochen radikalisierte sich die Rätebewegung und forderte eine stärkere Beteiligung an der Macht sowie eine baldige Verwirklichung der Sozialisierungsbestrebungen. Auf die Aufstandsbewegungen in den verschiedenen Regionen des Reiches – in Bayern wurde sogar eine Räterepublik ausgerufen – antwortete die Regierung in Berlin mit der Aufstellung von Freiwilligen-Verbänden, den *Freikorps*.

In den folgenden Monaten traten die Freikorps jedoch immer selbständiger auf; mit dem *Kapp-Putsch* im März 1920 versuchten sie sogar, eine Militärdiktatur zu errich-

Königsberg
O s t p r e u ß e n

Danzig

P o m m e r n

● Posen

POLEN

N i e d e r –
S c h l e s i e n
Breslau ●

O b e r –
S c h l e s i e n

T S C H E C H O S L O W A K E I

Wien ●

R E I C H

———	Grenze des Deutschen Reiches (1920/21)
- - -	Grenze des Deutschen Reiches (1914)
▦ ▦	Ostgrenze der entmilitarisierten Zone
▦	Abstimmungsgebiete
▦	Besetzte Gebiete

Deutschland nach dem 1. Weltkrieg

Freikorps und Kapp-Putsch

Die Freikorps waren Freiwilligenverbände, die sich aus Soldaten der aufgelösten kaiserlichen Armee zusammensetzten. Sie standen meist unter der Führung von rechtsgerichteten und nationalistisch eingestellten Offizieren, die nach dem verlorenen Krieg nicht mehr bereit oder fähig waren, sich in das zivile Leben einzugliedern. Zeitweise bestanden über 200 Freikorps mit mehr als 400.000 Mann. Die Freikorps wurden unter anderem bei den Januarunruhen 1919 in Berlin, dann in Mitteldeutschland und im Ruhrgebiet, schließlich wiederum im März in Berlin gegen revolutionäre Arbeiter eingesetzt und schlugen Anfang Mai die Münchner Räterepublik blutig nieder. Nicht nur bei dieser Gelegenheit gingen sie mit ausgesprochener Brutalität und Rücksichtslosigkeit vor. Die Freikorps kämpften auch in den oberschlesischen Grenzkonflikten mit Polen sowie gegen bolschewistische Verbände im Baltikum – in der vergeblichen Hoffnung, dort Siedlerstellen zu erhalten. Als die Alliierten Anfang 1920 anordneten, die noch vorhandenen deutschen Truppen zu reduzieren, glaubten die Freikorpsführer, sich widersetzen zu können: Im März 1920 besetzte die Brigade Ehrhardt zusammen mit anderen Freikorpseinheiten während des sogenannten Kapp-Lüttwitz-Putsches (benannt nach dem Generallandschaftsdirektor Wolfgang Kapp und dem Reichswehrgeneral Walther Freiherr von Lüttwitz) die Reichshauptstadt. Der Putsch scheiterte allerdings schon nach wenigen Tagen, da die sozialistischen Parteien einen Generalstreik ausriefen, die Beamtenschaft sich der neuen Regierung verweigerte und die Reichswehr sich für neutral erklärte. Außerdem gelang es der rechtmäßigen Reichsregierung, sich dem Zugriff der Putschisten zu entziehen und erfolgreiche Gegenmaßnahmen einzuleiten. Durch den Kapp-Putsch wurde wiederum eine kommunistische Aufstandsbewegung im Ruhrgebiet ausgelöst, die die Reichsregierung erneut durch Freikorps niederschlagen ließ – darunter auch Truppen, die im März geputscht hatten. Der Kapp-Lüttwitz-Putsch führte erneut die Stärke der politischen Rechten vor Augen. Im Zuge der Formierung der im Versailler Vertrag geforderten 100.000-Mann-Armee wurden die Freikorps in den kommenden Monaten aufgelöst oder sie gingen in der Reichswehr auf.

ten. Hierauf kam es zu Arbeiteraufständen im Ruhrgebiet und in Mitteldeutschland, die ebenfalls blutig niedergeschlagen wurden.

Diese Ereignisse bildeten das letzte Kapitel der revolutionären Bewegung.

Die Erfahrungen dieser Revolution, die mehrfach aufgeflammt, aber immer wieder von der Regierung unterdrückt bzw. umgelenkt worden war, hatten tiefgreifende Folgen. Die heftige Konfrontation von mehrheitssozialdemokratischer Regierung und sich radikalisierender Rätebewegung festigte die Spaltung der Arbeiterbewegung und bewirkte, daß große Teile der Arbeiterschaft die neu entstehende Republik nicht als ihren Staat akzeptierten. Diese Frustration wurde noch größer, als sich herausstellte, daß auch die Sozialisierungsbestrebungen relativ schnell versandeten. Zwar ermöglichte der Sozialdemokratie die Abspaltung ihres linken Flügels langfristig ein Zusammengehen mit bürgerlichen Kräften; doch wurde dies durch die lähmende Wirkung, die die zermürbende Rivalität mit den Kommunisten auf die Sozialdemokratie hatte, wieder aufgewogen. Innerhalb des Bürgertums reichte andererseits auch die im Ansatz gescheiterte Re-

Zentrale Bestimmungen der Weimarer Verfassung

Der Art. 1 der Verfassung bestimmte: »Das Deutsche Reich ist eine Republik. Die Staatsgewalt geht vom Volke aus.« Die Reichsfarben waren Schwarz-Rot-Gold (Art. 3). Die Abgeordneten des Reichstags sollten in »allgemeiner, gleicher, unmittelbarer und geheimer Wahl«, nach den Grundsätzen des Verhältniswahlrechts für jeweils vier Jahre gewählt werden (Art. 22 und 23).

Der Reichspräsident wurde vom Volk für jeweils sieben Jahre gewählt (Art. 41 und 43). Im Art. 25 war ihm das Recht zur Auflösung des Reichstags zugesprochen; die Neuwahl mußte innerhalb von 60 Tagen stattfinden.

Der Art. 48 verlieh dem Reichspräsidenten besondere Notstandsrechte: »Wenn ein Land die ihm nach der Reichsverfassung oder den Reichsgesetzen obliegenden Pflichten nicht erfüllt, kann der Reichspräsident es dazu mit Hilfe der bewaffneten Macht anhalten.

Der Reichspräsident kann, wenn im Deutschen Reich die öffentliche Sicherheit und Ordnung erheblich gestört oder gefährdet wird, die zur Wiederherstellung der öffentlichen Sicherheit und Ordnung nötigen Maßnahmen treffen, erforderlichenfalls mit Hilfe der bewaffneten Macht einschreiten.« Zu diesem Zweck hatte er das Recht, eine Reihe von Grundrechten vorübergehend zu suspendieren. Von diesen Maßnahmen mußte er aber »unverzüglich dem Reichstag Kenntnis… geben«. Die Maßnahmen waren auf Verlangen des Parlaments außer Kraft zu setzen.

Art. 53 bestimmte, daß der Reichskanzler und auf seinen Vorschlag die Reichsminister vom Reichspräsidenten ernannt und entlassen würden. Reichskanzler und Reichsminister bedurften »zu ihrer Amtsführung des Vertrauens des Reichstages«. Jeder von ihnen mußte zurücktreten, wenn ihm der Reichstag durch ausdrücklichen Beschluß das Vertrauen entzog (Art. 54).

Neben der Wahl des Reichspräsidenten durch das Volk (Art. 41) brachte der Art. 73 mit Volksbegehren und Volksentscheid weitere plebiszitäre Elemente in die Verfassung ein.

Die Verfassung durfte nur mit Zweidrittelmehrheit geändert werden (Art. 76).

volution aus, um eine tiefgehende Verunsicherung und eine fast traumatische Revolutionsfurcht hervorzurufen.

In der durch die militärische Niederlage und die revolutionären Wirren gekennzeichneten Situation gelang es den demokratischen Kräften nicht, die neue Staatsform in einer für breite Schichten überzeugenden Weise auszuformen.

Die Wahlen zur Nationalversammlung im Januar 1919 verschafften den demokratischen Parteien zwar eine deutliche Mehrheit; die Beratungen der Nationalversammlung, die wegen der revolutionären Unruhen nach Weimar ausgewichen war, führten jedoch zu einer Verfassung voller unglücklicher Kompromisse. Die starke Stellung des Reichspräsidenten, dem Vorbild eines konstitutionellen Monarchen nachgebildet, sollte zu einem Nebeneinander zwischen dem Reichstag bzw. der Reichsregierung einerseits und dem Staatsoberhaupt andererseits führen. Dadurch wurde die Tendenz begünstigt, in Krisensituationen anstelle des Ausgleichs im Parlament autoritäre Lösungen zu bevorzugen.

Das Problem der Stellung Preußens innerhalb des Reiches – es umfaßte als größtes Land mehr als drei Fünftel Deutschlands – blieb ungelöst.

Um die unterschiedlichen Ansprüche der verschiedenen sozialen Gruppen zu berücksichtigen, erstellte man einen umfangreichen Katalog von Grundrechten, die die *Weimarer Verfassung* in ihrer Zielsetzung zur freiheitlichsten der Welt machten, aber gemessen an der politischen Wirklichkeit nichts weiter als unverbindliche Absichtserklärungen blieben.

Die junge Republik trat auch nach außen nicht sehr glanzvoll in Erscheinung; sie gab sich bewußt nüchtern und bescheiden. Schon in den Anfängen fehlten ihr massenwirksame Symbole. Insgesamt bot sie ihren Bürgern wenig Identifikationsmöglichkeiten.

Zu den negativen Folgen der Revolutionsphase zählt die Tatsache, daß überall im Staatsapparat die alten, aus dem Kaiserreich stammenden Führungseliten ihre Tätigkeit nahezu ungebrochen fortsetzen konnten, sei es beim Militär, in der Justiz, in der Verwaltung, im diplomatischen Dienst oder an den Hochschulen.

Diese antirepublikanische Reserviertheit der führenden Schichten sollte die Abwehrbereitschaft der Republik gegenüber der nationalsozialistischen Bedrohung entscheidend schwächen:

Die Reichswehr gab sich wiederholt in politisch bedrohlichen Situationen »neutral«, die Justiz war gegenüber Gesetzesverstößen Rechtsradikaler äußerst nachsichtig, dem Staatsapparat fehlte eine wirkliche Abwehrbereitschaft gegenüber der sich bald abzeichnenden nationalsozialistischen Gefahr, und zahlreiche Hochschullehrer förderten oder tolerierten die Ausbreitung rechtsradikaler Ideen und antidemokratischer Haltungen an den Hochschulen.

Die Tatsache, daß der Übergang zur Republik im Moment der sich anbahnenden militärischen Katastrophe vollzogen wurde, sollte den jungen Staat – vollkommen zu Unrecht – mit der »Schmach« der Niederlage und mit den Problemen ihrer völkerrechtlichen Abwicklung bela-

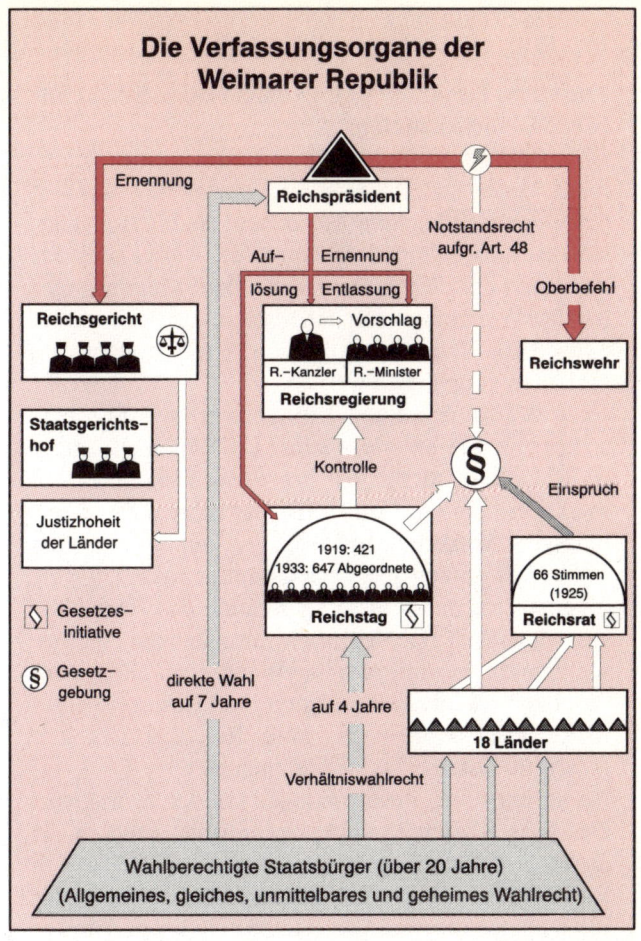

Die Verfassungsorgane der Weimarer Republik

Reichspräsident

Ernennung

Notstandsrecht aufgr. Art. 48

Oberbefehl

Auflösung

Ernennung

Entlassung

Reichsgericht

⇒ Vorschlag

R.-Kanzler   R.-Minister

Reichsregierung

Reichswehr

Staatsgerichtshof

Kontrolle

§

Einspruch

Justizhoheit der Länder

1919: 421
1933: 647 Abgeordnete

Reichstag ◇

66 Stimmen
(1925)

Reichsrat ◇

◇ Gesetzesinitiative

§ Gesetzgebung

direkte Wahl
auf 7 Jahre

auf 4 Jahre

18 Länder

Verhältniswahlrecht

Wahlberechtigte Staatsbürger (über 20 Jahre)
(Allgemeines, gleiches, unmittelbares und geheimes Wahlrecht)

sten. Zwar führte der am 10. Januar 1920 in Kraft getretene *Friedensvertrag von Versailles* zu einer erheblichen Schwächung des Reiches, seine Stellung als mächtigster Staat in der Mitte Europas blieb aber bestehen: Die Gebietsverluste infolge des Vertrages gingen nicht an die Substanz der Republik; die Reparationen bedeuteten zwar

Vertrag von Versailles

Nach dem Versailler Vertrag mußte Deutschland folgende Gebiete abtreten:

Ohne Volksabstimmung: Elsaß-Lothringen an Frankreich, Posen und Westpreußen an Polen, einen Teil Schlesiens (Hultschiner Ländchen) an die Tschechoslowakei; das Memelland wurde der Verwaltung der Alliierten unterstellt, Danzig mit dem Mündungsgebiet der Weichsel erhielt den Status einer Freien Stadt unter Aufsicht des Völkerbundes; ferner mußten alle Kolonien aufgegeben werden.

Nach Volksabstimmungen gingen verloren: Ostoberschlesien an Polen, das Gebiet um Eupen-Malmedy im Rheinland an Belgien, Nordschleswig an Dänemark; das Saarland kam zunächst unter die Verwaltung des Völkerbundes, nach 15 Jahren war eine Volksabstimmung über den endgültigen Verbleib vorgesehen; bis dahin hatte Frankreich das Recht, die saarländischen Kohlegruben auszubeuten. Ferner wurden die wichtigsten internationalen Flüsse im Reichsgebiet internationalisiert. Die Gesamtverluste betrugen 13 Prozent des alten Reichsgebiets. Ein Anschluß Österreichs wurde untersagt.

An militärischen Bestimmungen sah der Vertrag vor: Das linke Rheinufer sowie einige Brückenköpfe auf der rechten Rheinseite sollten durch alliierte Truppen für einen Zeitraum von 15 Jahren besetzt bleiben, für ihren etappenweisen Abzug legte man einen Zeitplan fest. Auf dem linken Rheinufer und in einem 50 Kilometer breiten Gebiet rechts des Rheins wurde eine entmilitarisierte Zone eingerichtet. Das Reichsheer blieb auf 100.000 Mann begrenzt, bestimmte schwere Waffen durfte Deutschland weder herstellen noch besitzen. Hinzu kamen umfangreiche Reparationen, teils als Sachlieferungen, deren Höhe auf den in den Jahren 1920 und 1921 in London abgehaltenen Reparationskonferenzen schließlich auf 132 Milliarden Goldmark und 26 Prozent des Werts der deutschen Ausfuhren beziffert wurden. Nach dem Zusammenbruch der deutschen Währung legten die Siegerstaaten die Zahlungsmodalitäten im Dawes- und im Young-Plan (1924 und 1930) neu fest. Als sich in der Weltwirtschaftskrise die Undurchführbarkeit auch dieser Zahlungen zeigte, verpflichtete sich das Deutsche Reich im *Abkommen von Lausanne* 1932, durch Abgabe von Schuldverschreibungen in Höhe von drei Milliarden Reichsmark die ausstehenden Reparationszahlungen abzulösen.

Die Reparationen waren im Versailler Vertrag mit der Alleinschuld Deutschlands am Ausbruch des Kriegs begründet worden. Führende Persönlichkeiten des Kaiserreiches, darunter Wilhelm II., sollten aus gleichem Grund außerdem wegen Verstoßes gegen das Kriegsvölkerrecht vor einen interalliierten Gerichtshof gestellt worden.

Das »Friedensdiktat« lieferte den Rechtsparteien Munition für ihre Daueragitation gegen die Republik, obwohl auch sie bei der entscheidenden Abstimmung in der Nationalversammlung keine realistische Alternative zur Annahme des Vertragswerks hatten benennen können.

eine erhebliche wirtschaftliche Belastung, jedoch nicht die völlige Verarmung Deutschlands; langfristig arbeitete die Zeit gegen die Aufrechterhaltung der diskriminierenden Bestimmungen des Vertrages, etwa auf militärischem und außenpolitischem Gebiet. Verheerender als die tatsächlichen Vertragsbestimmungen waren jedoch die psychologischen Auswirkungen des »Friedensdiktats« auf die deutsche Bevölkerung: Das weitverbreitete Gefühl, von den Siegern erniedrigt worden zu sein, ist nur verständlich, wenn man den schroffen Kontrast zwischen dieser Stimmungslage und dem nationalistischen Überheblichkeitsgefühl der Vorkriegs- und Kriegszeit sowie den jahrelang geschürten Hoffnungen auf einen maßlosen »Siegfrieden« bedenkt.

Zu den Kriegsfolgen gehörte vor allem auch die sich rapide fortsetzende Inflation. Eine erhebliche Entwertung des Geldes hatte bereits während des Ersten Weltkriegs eingesetzt, in der Nachkriegskrise stieg die Inflationsrate beständig und erreichte 1922/23 in der »Hyperinflation« ihren Höhepunkt: Der Kollaps der Wirtschaft war die Folge.

Die Inflation führte zu erheblichen sozialen Umschichtungen. Zunächst wurden alle diejenigen praktisch enteignet, die von Einkünften aus Geldvermögen lebten, also Sparer, Hypothekengläubiger, Inhaber öffentlicher Anleihen und andere.

Betroffen waren aber auch alle diejenigen, deren Bezüge nur einmal im Monat ausgezahlt wurden, also etwa Angestellte, Beamte und Rentner.

Um die Ungerechtigkeit der Inflation deutlich zu machen, sei auf das Beispiel der Hausbesitzer verwiesen: Nur derjenige Hausbesitzer konnte in der Inflation gewinnen, dessen Haus so hoch belastet war, daß die Abwertung der Hypotheken den Verlust der Mieteinnahmen wettmachte.

Neben den tatsächlichen materiellen Einbußen, die Millionen erlitten, war es vor allem die Erfahrung der Hyperinflation mit ihren grotesken Auswirkungen – die offensichtliche Ungerechtigkeit, mit der bürgerliche Tugenden wie Sparsamkeit, Fleiß und Ehrlichkeit in der Inflation bestraft wurden –, die zu einer tiefgreifenden Verunsicherung in den mittelständischen Schichten, zu einem Inflationstrauma führte.

24

Zu den Phänomenen der unmittelbaren Nachkriegsphase, die sich negativ auf die weitere Geschichte der Weimarer Republik auswirkten, ist auch eine starke Militarisierung der Politik zu rechnen. Sie äußerte sich vor allem in einem starken Zulauf zu Wehr- und Kampfverbänden, die teilweise Nachfolger der Freikorps wurden. Von hier führten zahlreiche Querverbindungen zu der radikalen völkisch-antisemitischen Bewegung.

Damit ist bereits der Nährboden genannt, auf dem die NSDAP entstand.

2. Die Entstehung der NSDAP

Die Anfänge der NSDAP und ihre frühe Entwicklung sind untrennbar verbunden mit der besonderen Atmosphäre im nachrevolutionären München. Ausgerechnet das kleinbürgerlich-konservative München war der Schauplatz der ersten und radikalsten Revolution innerhalb des Deutschen Reiches geworden, die erst Anfang Mai 1919 niedergeschlagen wurde. Die Ereignisse hinterließen in den mittelständischen Schichten Münchens eine tiefsitzende Revolutionsfurcht, ein besonders ausgeprägtes Bedürfnis nach Sicherheit und Ordnung. Vor diesem Hintergrund steuerte die im April 1920 gebildete Regierung unter Gustav Ritter von Kahr einen betont antisozialistischen und gegen die Reichsregierung gerichteten Kurs. Für die radikale Rechte wurde Bayern so zur »Ordnungszelle«, zum Flucht- und Sammelplatz von Geheimbünden, Wehrverbänden und der unterschiedlichsten Existenzen der gegenrevolutionären Szene. Innerhalb dieses rechtsradikalen Lagers dominierte die *völkische* Ideologie, eine radikale, rassistisch und insbesondere antisemitisch begründete Variante des Nationalismus.

Unter diesen zahlreichen Gruppierungen existierte seit Anfang 1919 die zunächst völlig bedeutungslose *Deutsche Arbeiterpartei*, mehr ein sektiererischer Diskussionszirkel als eine politische Partei. Bekannt wurde diese Gruppierung erst seit Herbst 1919, nachdem Adolf Hitler zu ihr gestoßen war und die Werbearbeit der Partei in die Hände genommen hatte.

Auch wenn von diesem Zeitpunkt an die Geschichte der Partei, die sich ab Februar 1920 Nationalsozialistische Deutsche Arbeiterpartei nannte, untrennbar mit der Person Hitlers verbunden ist, so wäre es doch zu einfach, den beispiellosen Aufstieg der NSDAP einzig und allein auf das Wirken ihres Führers zurückzuführen, wie es die Propaganda der Partei in den kommenden Jahren suggerierte. Vielmehr muß man sehen, daß seit dem Ende des Ersten Weltkriegs der Ruf nach einem übermächtigen Führer, der das Land aus der schmachvollen Gegenwart in eine lichtvolle Zukunft führen sollte, die Programmatik der gesamten politischen Rechten beherrschte. Die Rolle des Führers war also bei Hitlers Eintritt in die Politik als Postulat schon vorhanden, und erst allmählich wuchs der Werbeobmann der NSDAP in sie hinein.

Die Biographie Adolf Hitlers vor seinem Eintritt in die NSDAP ist die einer gescheiterten Existenz. Seinen gesellschaftlichen Abstieg hatte 1914 nur der Kriegsausbruch gestoppt, als er in der Armee Halt suchte und fand; das Ende des Ersten Weltkriegs sah ihn berufslos, einkommenslos und ohne Perspektive.

Innerhalb der Partei entwickelte Hitler eine beispiellose demagogische Propaganda und erregte nicht nur in München zunehmend Aufmerksamkeit. Im Februar 1920 verabschiedete die Partei ein 25-Punkte-Programm, in dem recht unsystematisch eine Reihe von typischen Forderungen der damaligen Rechten aneinandergereiht waren: Vereinigung aller Deutschen in einem *Großdeutschland*, Beseitigung des Versailler Vertrages, Errichtung eines autoritären Staates, Sicherungen gegen Auswüchse des Kapitalismus und vor allem verschiedene *antisemitische Maßnahmen*.

Adolf Hitler

Adolf Hitler wurde am 20. April 1889 in Braunau am Inn in kleinbürgerlichen Verhältnissen geboren. Nach dem Besuch verschiedener Schulen verließ er 1905 die Staatsrealschule Steyr und wollte eine Künstlerkarriere als Maler beginnen. Er wurde aber von der Wiener Kunstakademie abgelehnt. 1907 zog er nach Wien, wo er von einer Waisenrente, seinem Erbteil und Gelegenheitsarbeiten lebte. In der Hauptstadt des auseinanderbrechenden österreichisch-ungarischen Vielvölkerstaates nahm Hitler die Eindrücke und Ideensplitter auf, die er später zu einer abstrusen, wenn auch in sich geschlossenen Weltanschauung zusammenfügen sollte. Um dem Militärdienst zu entgehen, wechselte er 1913 nach München. Im nationalen Begeisterungstaumel, der bei Ausbruch des Ersten Weltkriegs herrschte, meldete er sich freiwillig zur bayerischen Armee. Hitler übernahm im Krieg die gefahrvolle Funktion eines Meldegängers und wurde für seine militärischen Leistungen mehrfach ausgezeichnet. 1918 zog er sich eine schwere Gasvergiftung zu, das Kriegsende erlebte er im Lazarett. Nach der Niederlage bekam er von einer Armeedienststelle den Auftrag, die politische Szene Münchens zu beobachten; so stieß er zur Deutschen Arbeiterpartei.

Im Sommer 1921 gelang es Hitler im Verlaufe einer Führungskrise der NSDAP, sich mit seiner ultimativen Forderung nach dem Parteivorsitz, ausgestattet mit »diktatorischen Machtbefugnissen«, durchzusetzen. Nach dieser parteiinternen *Machtergreifung* begann der Umbau der NSDAP zur *Führerpartei*. Kennzeichnend hierfür war der systematische Aufbau eines regelrechten *Führerkults*, durch den die Person Hitler zum Programm, zum

Antisemitische Forderungen im Programm der NSDAP

In dem 25-Punkte-Programm der NSDAP vom 24. Februar 1920 wurde eine Reihe von antisemitischen Forderungen erhoben, die damals in völkischen Kreisen durchaus gang und gäbe waren. Punkt vier des Parteiprogramms besagte, daß nur ein »Volksgenosse« auch »Staatsbürger« sein konnte; »Volksgenossen« mußten »deutsches Blut« haben, ein Jude war daher, ungeachtet seiner Religionszugehörigkeit, kein »Volksgenosse«.

In anderen Punkten des Parteiprogramms zog man aus diesem Grundsatz verschiedene Schlußfolgerungen: Juden sollten u.a.:

– wie Ausländer behandelt werden
– kein öffentliches Amt bekleiden
– nicht im Pressewesen arbeiten dürfen
– bei Arbeitsplatzmangel das Reich verlassen müssen

Ferner war ein Einwanderungsverbot für Juden vorgesehen; schließlich sollten alle nach dem Ausbruch des Ersten Weltkriegs eingewanderten Juden ausgewiesen werden.

eigentlichen Inhalt der Parteibestrebungen erklärt wurde. Parallel hierzu trieb die Führung den organisatorischen Ausbau der Partei voran.

Eine zunehmende Bedeutung für den Parteiführer erhielt der parteieigene Ordnungsdienst, der unter Hitler ab 1920 zur *Sturmabteilung (SA)* ausgebaut wurde. Mit Hilfe der SA entwickelte Hitler einen eigenen Agitationsstil, eine besondere Mischung aus einfallsreicher Propaganda und brutalem Terror. Saalschlachten, in deren Verlauf man die politischen Gegner aus den eigenen Versammlungen hinausprügelte bzw. Veranstaltungen anderer Parteien wirksam störte, waren bald das besondere Markenzeichen der NSDAP. Besonders in der zweiten Jahreshälfte 1922, als sich die politischen Gegensätze zwischen Bayern und dem Reich weiter verschärften, gelang es der Partei, ihre Organisation vor allem im oberbayerischen Raum kräftig zu stärken.

Ihren Reichsparteitag vom Januar 1923 gestaltete die NSDAP als eine spektakuläre Machtdemonstration gegenüber der bayerischen Regierung: Ein Massenaufmarsch führte die Stärke der Partei vor Augen; die ursprünglich von den Behörden verlangten Auflagen hatte man mit Rückendeckung des für Bayern zuständigen Reichswehrkommandos beseitigen können.

3. Das Entscheidungsjahr 1923

Mit dem Einmarsch der Franzosen in das Ruhrgebiet Anfang 1923 reihte sich die NSDAP in eine neugebildete Front aller rechtsradikalen Kräfte in Bayern ein. Die SA wurde, mit Unterstützung der Reichswehr, militärisch geschult und bewaffnet und so – unter der Leitung ihres neuen Kommandeurs Hermann Göring – in einen Wehrverband umgewandelt. Damit erfuhr Hitler zwar auf der politischen Rechten weitgehende Anerkennung, war aber andererseits nicht mehr Herr seiner eigenen Entschlüsse.

Als die neugebildete Regierung Stresemann Ende September 1923 den passiven Widerstand an der Ruhr aufgeben mußte, empfand dies die politische Rechte als tiefe nationale Schmach. Bayern reagierte mit der Ausrufung des Ausnahmezustandes und der Einsetzung Gustav von Kahrs als Generalstaatskommissar. Dieser Verfassungsbruch verstärkte die Spannungen zur Reichsregierung, die für das gesamte Reichsgebiet den militärischen Ausnahmezustand verhängte; von Kahr konterte damit, daß er sich die in Bayern stationierten Reichswehrkräfte unterstellte. Zu diesem Zeitpunkt, im Oktober 1923, summierten sich die verschiedenen Krisenherde der jungen Republik zu einer kaum mehr lösbaren Staatskrise: Während die Hyperinflation zum Kollaps der Wirtschaft führte, schien das Reich auseinanderzubrechen; die KPD nutzte ihre Beteiligung an den Landesregierungen von Sachsen und Thüringen, um einen revolutionären Umsturz vorzubereiten, in Hamburg kam es zu einem kommunistischen Aufstandsversuch; fast gleichzeitig mißlang ein Putsch ehemaliger Freikorpskräfte in Küstrin, während eine separatistische Bewegung die Abtrennung des Rheinlandes vom Reich betrieb.

In dieser Situation reiften Pläne zur Errichtung einer Militärdiktatur heran. Es bestand die Absicht, von Bayern aus die linken Regierungen in Sachsen und Thüringen zu beseitigen und anschließend einen »Marsch auf Berlin« zu inszenieren.

Gegen Ende Oktober jedoch begann deutlich zu werden, daß die Krise ihren Höhepunkt bereits überschritten hatte: Die Reichsregierung leitete erste Schritte zur Währungsstabilisierung ein. Außerdem nahm sie den Betreibern des Putsches den wichtigsten Vorwand für ihr Unternehmen, indem sie von sich aus die Regierungen in Sachsen und Thüringen mit Hilfe der Reichswehr absetzte; eine Einigung von Kahrs mit der Reichsregierung schien sich anzubahnen.

Nun beschloß Hitler, durch eine dramatische Aktion in München die Initiative an sich zu reißen:

Er unternahm, unterstützt unter anderem durch den populären *General Erich Ludendorff,* der die bestimmende Figur der deutschen militärischen Führung während des Ersten Weltkriegs gewesen war, einen *Putschversuch.* Die Niederschlagung des geplanten Umsturzes beendete die erste Phase der politischen Karriere des nationalsozialistischen Parteiführers.

Hitler-Ludendorff-Putsch

Der Putschversuch Hitlers und Ludendorffs begann am Abend des 8. November 1923. Zu diesem Zeitpunkt hatten die führenden Männer in Bayern – das war neben dem Ministerpräsidenten Eugen von Knilling das »Triumvirat«, gebildet aus dem Generalstaatskommissar Gustav von Kahr, dem Befehlshaber der von der bayerischen Regierung »übernommenen« Reichswehrkräfte, General Otto Hermann von Lossow, sowie dem Befehlshaber der Landespolizei, Hans von Seißer – zu einer Massenveranstaltung in den Bürgerbräukeller eingeladen. Hitler ließ das Gebäude von der SA umstellen und verschaffte sich einen unerwarteten und dramatischen Auftritt, als er in das Gebäude stürmte, einen Pistolenschuß in die Decke abgab und zur »nationalen Revolution« aufrief.

Er zwang das »Triumvirat« auf eine gemeinsame Linie: Ziel war die Errichtung einer Diktatur, zunächst in Bayern, dann im Reich. Anschließend entfernten sich von Kahr, von Lossow und von Seißer aus der Veranstaltung, widerriefen die von Hitler erzwungene Verabredung und begannen damit, Gegenmaßnahmen gegen den Putsch einzuleiten. Am nächsten Morgen war die Stadt von loyaler bayerischer Landespolizei besetzt.

Der Führer der NSDAP versuchte nun, mit einem Marsch in die Innenstadt das Ruder doch noch einmal herumzureißen. An der Feldherrnhalle wurde der Demonstrationszug durch die örtliche Polizei zerstreut, dabei kamen sechzehn Nationalsozialisten und drei Polizisten ums Leben. Ludendorff wurde sofort festgenommen, der verletzte Hitler einige Tage später aufgegriffen.

III. Die NSDAP in den »Goldenen Zwanzigern« (1924–1929)

Während des folgenden Jahres mußte die »Hitlerbewegung« ohne ihren Führer« auskommen. Ein Sondergericht verurteilte Hitler zu einer fünfjährigen Festungshaft, aus der er allerdings bereits Ende 1924 wieder freikam.

1. Die NSDAP ohne Hitler

Während sich die NSDAP in Abwesenheit ihres Führers durch innerparteiliche Streitigkeiten entzweite, nutzte Hitler die Zeit, um das Manuskript zu seiner programmatischen Schrift *Mein Kampf* abzufassen.

»Mein Kampf«, das Buch erschien in zwei Teilen 1925/26, ist der Versuch, eine geschlossene nationalsozialistische Lehre aufzustellen und sie aus den lebensgeschichtlichen Erfahrungen Hitlers scheinbar konsequent herzuleiten. Kern dieser Lehre ist eine Verbindung von Sozialdarwinismus, rassistischen und antisemitischen Gedankengängen mit »geopolitischen« Vorstellungen, also der damals sehr verbreiteten Lehre von der Raumbezogenheit politischer Zustände und Vorgänge. Geschichte, so suggeriert Hitlers Buch, bestehe im Kern aus dem Kampf von Rassen um »Lebensraum«. Für das deutsche Volk sah er diesen Raum nicht in außereuropäischen Kolonien, sondern in den an das Reich angrenzenden Ostgebieten. Das in zahlreichen biographischen Details falsche, unsystematisch aufgebaute und durch seine ständigen Wiederholungen ermüdende Buch enthält bereits in großen Zügen die außenpolitischen Vorstellungen Hitlers: Bündnisse mit Italien und England sollten die Voraussetzung zur Niederwerfung Frankreichs schaffen; von dieser Basis aus waren dann die großen osteuropäischen Territorien zu erobern.

Obwohl »Mein Kampf« kein Programm für die Vernichtung der europäischen Juden enthält, finden sich darin doch eine Reihe bemerkenswerter Passagen, die deutlich aufzeigen, in welche Richtung die antisemitischen Phantasien Hitlers zu diesem Zeitpunkt bereits gingen. So bedauerte Hitler etwa, daß man zu Beginn des Ersten Weltkriegs nicht daran gegangen sei, die »jüdischen Volksvergifter« (gemeint sind die Führer der Arbeiterbewegung) »unbarmherzig auszurotten«; in einer anderen Passage schreibt er, die hohen Opfer an der Front wären vermeidbar gewesen, hätte man rechtzeitig »zwölf- oder fünfzehntausend dieser hebräischen Volksverderber... unter Giftgas gehalten«. Innenpolitisch zog Hitler in »Mein Kampf« einen deutlichen Schlußstrich unter die Phase des Putschismus; die Partei sollte sich statt dessen darauf konzentrieren, auf legalem Wege, durch Propaganda und den Ausbau ihrer Organisation, an die Macht zu kommen.

Hitler reagierte damit auf die sich abzeichnende Stabilisierung der Weimarer Republik. Außenpolitisch sollte durch den *Vertrag von Locarno* (1925), in dem Deutschland seine Westgrenze anerkannt hatte, der Weg zum Eintritt in den Völkerbund (1926) freiwerden. Das Ende der alliierten Abrüstungskontrolle (1927), die Erleichterung der Reparationen durch den Young-Plan (1929) und der endgültige Abzug der Franzosen aus dem Rheinland (1930) schienen den Anfang vom Ende des Versailler Vertragssystems darzustellen. Die Beendigung der bürgerkriegsähnlichen Auseinandersetzungen, eine Stärkung der demokratischen Parteien bei den Reichstagswahlen vom Dezember 1924 und 1928, die Stabilisierung der Währung seit 1924, eine sich bessernde Konjunktur, schließlich der Aufschwung von Freizeit und Massenunterhaltung in den »Goldenen Zwanzigern« erweckten den Eindruck einer allgemeinen Stabilisierung der Verhältnisse.

Tatsächlich jedoch war diese Stabilität trügerisch; die Republik ruhte auf sehr unsicheren Fundamenten.

2. Die scheinbare Stabilität: strukturelle Probleme der Weimarer Republik

Das erste Grundproblem bildete die chronische Schwäche der Weimarer Wirtschaft. Die Inflation hatte es den Unternehmern erlaubt, die gestiegenen Kosten – eine Folge der verbesserten Position der Arbeitnehmer seit der Revolution von 1918 – auf die Preise abzuwälzen. Insofern hatte die Inflation durchaus auch ihre stabilisierende Wirkung gehabt, da sie soziale Spannungen zunächst nicht sichtbar werden ließ. Nach der Stabilisierung der Mark stellte sich jedoch das Verteilungsproblem wieder in seiner ganzen Schärfe und führte zu einem abrupten Ende der in der Nachkriegszeit begründeten Zusammenarbeit zwischen Arbeitgebern und Gewerkschaften: Die Unternehmer drängten massiv auf eine Verlängerung der Arbeitszeit; 1923/24 gelang es ihnen, in weiten Teilen der Wirtschaft die Arbeitszeit über den Achtstundentag hinaus auszudehnen und damit eine der wichtigsten Errungenschaften der Revolutionszeit zu beseitigen. Vor allem die zwischen 1923 und 1928 vorangetriebene Rationalisierung der Wirtschaft veränderte den Arbeitsalltag nachhaltig und verringerte stetig die Zahl der Arbeitskräfte. Rationalisiert wurde jedoch eine Wirtschaft mit chronischer Wachstumsschwäche, so daß auch in den wirtschaftlich ertragreichsten Jahren eine relativ hohe Sockelarbeitslosigkeit in Kauf genommen werden mußte. In der Zeitspanne der Weimarer Republik blieb die Industrieproduktion überwiegend weit unter dem Stand von 1913, nur in den Jahren 1927 bis 1929 war sie etwas höher. Die Ursachen für die Stagnation der Volkswirtschaft lagen zum einen in generellen Problemen der Weltwirtschaft, die sich von den tiefgreifenden Erschütterungen des Ersten Weltkriegs noch nicht wieder erholt hatte. Hinzu kamen aber auch binnenwirtschaftliche Ursachen: relativ geringe Investitionsbereitschaft, teilweise Ausschaltung von Marktmechanismen infolge eines rapide fortschreitenden Konzentrationsprozesses und – zumindest nach Ansicht der Unternehmer – verhältnismäßig hohe Löhne und Sozialausgaben.

Selbst die in vielerlei Hinsicht fortschrittliche Sozialpolitik der Weimarer Zeit trug nicht nur zur Stabilisierung der Gesellschaft bei, sondern hatte auch negative Rückwirkungen. Der Weimarer Sozialstaat konnte eine ganze Reihe von Leistungen vorweisen: Ausgestaltung der Sozialversicherung, Ausbau der öffentlichen Wohlfahrt, Versorgung der Kriegsversehrten und -hinterbliebenen, Jugendpflege und Förderung des sozialen Wohnungsbaus; hinzu kam 1927 die Einführung der Arbeitslosenversicherung sowie der öffentlichen Arbeitsvermittlung.

Der Anspruch auf Verwirklichung eines umfassenden Wohlfahrtsstaates, der sich hier abzeichnete, stand aber in fast schon groteskem Widerspruch zur sozialpolitischen Realität, die wegen der zu engen finanziellen Spielräume selbst in den stabilen Jahren der Weimarer Republik durch nur geringe Leistungen und eine kleinlichbürokratische Überprüfung des einzelnen Bedarfsfalls gekennzeichnet war.

Solche tiefgreifenden Widersprüche und Konfliktlinien lassen sich auch in anderen Lebensbereichen nachweisen.

So waren die Weimarer Jahre geprägt durch einen immer deutlicher hervortretenden Konflikt zwischen den Generationen. Die Jugendlichen, die wegen des Geburtenbooms in den Jahren vor dem Ersten Weltkrieg schon zahlenmäßig stärker waren, traten selbstbewußter auf, hatten durch die Verringerung der Arbeitszeit die Möglichkeit, ihre Freizeit außer Haus selbst zu gestalten, und waren in hohem Umfang in Jugendverbänden organisiert. In einer Zeit sich schnell wandelnder Werte, so z. B. der sich lockernden Einstellung zur Sexualität, verstärkte dies die Spannungen zum Elternhaus. Dessen Autorität war durch den verlorenen Krieg, die Nachkriegskrise und den wirtschaftlichen Ruin in der Inflation vielfach angeschlagen. Die selbstbewußtere junge Generation stieß aber nach ihrer Ausbildung auf einen Arbeitsmarkt, der bereits vor dem Ausbruch der Massenarbeitslosigkeit überfüllt war. Die Schulabgänger ebenso wie die Universitätsabsolventen fielen häufig durch das soziale Netz, sie wurden die ersten Opfer der wirtschaftlichen Stagnation. Diese Erfahrungen bestärkten viele Jugendliche in der Ablehnung herkömmlicher Wertvorstellungen und begünstigten ihre politische Radikalisierung.

Die Emanzipation der Frau ist auf den ersten Blick eine der herausragenden Errungenschaften der Weimarer Zeit: Nach dem Ersten Weltkrieg wurde das Frauenwahlrecht eingeführt, der selbstbewußt auftretende Bubikopftyp beherrschte das Bild von der Frau in der Öffentlichkeit. Tatsächlich jedoch war der Alltag des größten Teils der Frauen weit entfernt von solchen Vorstellungen, klafften auch hier Anspruch und Wirklichkeit extrem auseinander: Frauenarbeit blieb nach wie vor unterbezahlt und unterbewertet, verheiratete und berufstätige Frauen wurden wegen ihres »Doppelverdienertums« öffentlich kritisiert. Die Einführung von Haushaltsgeräten erleichterte der Hausfrau nur scheinbar ihre Arbeit, tatsächlich begünstigte sie die Doppelbelastung vieler Frauen in Beruf und Hausarbeit.

Vielfältige neue Strömungen und Ansätze prägten die Kultur der Weimarer Zeit, die in mancher Hinsicht auch dem heutigen Betrachter noch verblüffend modern erscheint. Expressionismus, Dadaismus, Neue Sachlichkeit kennzeichnen nur die Hauptrichtungen. Die verwirrende Vielfalt dieser neuen Formen, ihr häufig provokanter

Einsatz, riefen auch Ablehnung und Gegenreaktionen hervor, das Schlagwort von der »Entartung« deutscher Kultur kam auf. Ähnliche Widerstände machten sich auch gegen bestimmte Erscheinungsformen der Alltagskultur bemerkbar: Neue Medien wie Rundfunk und Schallplatte, neue Formen der Unterhaltungsmusik (Schlager, Jazz), schnell wechselnde und zum Teil schockierende Moden, moderne Formen der Geschäftswerbung stießen nicht nur auf Zustimmung, sondern wurden häufig als »Schmutz und Schund« abgetan. Die in ersten Ansätzen erkennbare Konsum- und Freizeitgesellschaft bewirkte eine zunehmende Kommerzialisierung und Nivellierung des Alltags; diese »Amerikanisierung« des Lebensstils wurde teilweise begeistert gefeiert, teilweise erbittert abgelehnt. Die Kluft zwischen dem wegen seiner Dekadenz kritisierten »Großstadtdschungel« Berlin und der deutschen Provinz vergrößerte sich ständig.

Zu den strukturellen Schwächen der Weimarer Republik ist aber vor allem die Tatsache zu rechnen, daß demokratische Überzeugungen und Verhaltensweisen innerhalb der Bevölkerung nur schwach ausgebildet blieben. Unmittelbar nachdem sich die junge Republik im Sommer 1919 eine demokratische Verfassung gegeben hatte, verloren die drei demokratischen Parteien SPD, DDP und Zentrum in den ersten Wahlen zum Reichstag am 6. Juni 1920 bereits die Mehrheit.

Auch in den sogenannten stabilen Jahren der Weimarer Republik gelang es den demokratischen Kräften nicht, wieder eine Mehrheit der Bevölkerung hinter sich zu bringen. Am 26. April 1925 wurde der erzkonservative Generalfeldmarschall von Hindenburg als eine Art Ersatzmonarch zum Reichspräsidenten gewählt. Über *Parlamentarismus* und *Parteienstaat* sprach man überwiegend verächtlich, ebenso über die als *Erfüllungspolitik* diskriminierte Außenpolitik der Regierung; auch die republikanischen Symbole, wie etwa die schwarz-rot-

Erfüllungspolitik

Das Wort Erfüllungspolitik bezeichnete – zunächst im internen Sprachgebrauch des Auswärtigen Amtes – die Außenpolitik der deutschen Nachkriegsregierungen, die durch das Einhalten des Versailler Vertrags das Reich vor weiteren Repressalien (Besetzungen, Gebietsabtretungen etc.) der Alliierten zu bewahren suchten. Die schwierigen, fortwährend von Krisen erschütterten Nachkriegsverhältnisse in Deutschland stellten dieses Vorhaben jedoch von vornherein in Frage. Deshalb verfolgte man mit dieser Politik gleichzeitig das Ziel, die Nichterfüllbarkeit des Vertrages, insbesondere der Reparationen, nachzuweisen und so bessere Friedensbedingungen zu erreichen. Im Kern war Erfüllungspolitik daher Revisionspolitik. Durch Inflation, Massenarbeitslosigkeit und soziale Spannungen infolge der Weltwirtschaftskrise, ferner durch das nur zögernde Einlenken der Siegermächte, nicht zuletzt aber durch unzulängliche Information der Bevölkerung über die – wenngleich langsam und nur begrenzt – sich einstellenden Erfolge, konnte der Sinn solcher Politik der deutschen Öffentlichkeit nicht überzeugend vermittelt werden. Den Gegnern der Weimarer Republik, vor allem auf der politischen Rechten (DNVP, Stahlhelm und NSDAP), fiel es deshalb nicht schwer, bei ihrer systemfeindlichen Propaganda den Begriff schon bald als demagogisches Schlagwort für das Versagen der offiziellen Regierungspolitik zu verwenden.

goldene Fahne, lehnte die Mehrheit ab. Die Innenpolitik während der »Goldenen Zwanziger« war durch massive Auseinandersetzungen gekennzeichnet: Die Kampagne der Rechten gegen den Dawes-Plan, der die Reparationszahlungen neu festlegte (1924), der gemeinsam von KPD und SPD getragene Volksentscheid zur Enteignung der ehemaligen Reichsfürsten (1926), die Auseinandersetzungen um den Neubau eines Panzerkreuzers (1928), schließlich das von Nationalsozialisten und Ultrakonservativen getragene *Volksbegehren gegen den Young-Plan* (1929), der erneut die Reparationsleistungen regelte, beherrschten das politische Klima, das durch äußerst

---

Volksbegehren gegen den Young-Plan

Der Young-Plan, ausgearbeitet von einer Sachverständigenkonferenz unter Leitung des amerikanischen Bankiers Owen D. Young, löste den Dawes-Plan von 1924 ab und setzte Höhe und Zahlungsweise der Reparationen neu fest. Gleichzeitig sollte die alliierte Kontrolle der deutschen Wirtschaft aufgegeben und die Rheinlandbesetzung vorzeitig beendet werden. Gegen den Plan richtete sich ein von DNVP, NSDAP und Stahlhelm gemeinsam getragenes Volksbegehren, das knapp mit 10,02 Prozent der Stimmen das erforderliche Limit von einem Zehntel der Stimmberechtigten erreichte. Der dadurch im Dezember 1929 notwendige Volksentscheid scheiterte jedoch; von den erforderlichen 21 Millionen Ja-Stimmen konnten die Initiatoren nur 5,8 Millionen beibringen. Die Young-Kampagne fiel aber in einen Zeitraum, in dem die Auswirkungen der Weltwirtschaftskrise in Deutschland spürbar wurden und die NSDAP erste größere Erfolge bei den Landtagswahlen zu verzeichnen hatte. Die Aufnahme in die Anti-Young-Front gab der NSDAP-Propaganda eine breitere Basis; hier trat erstmals das Bündnis aktiv in Erscheinung, das, 1931 in der Harzburger Front erneuert, im Januar 1933 in einer Koalition mündete.

aggressiv geführte Wahlkämpfe zusätzlich angeheizt wurde. Auf der politischen Rechten traten Wehr- und Kampfverbände verstärkt als Konkurrenz der Rechtsparteien auf und trugen so erheblich zur Verschärfung der innenpolitischen Auseinandersetzungen bei.

Dieses aufgeheizte politische Klima und die geringe Verankerung der demokratischen Ideale in der Bevölkerung sind nur verständlich, wenn man sie vor dem Hintergrund der geschilderten Schwächen von Wirtschaft und Sozialstaat, der Widersprüche und Konflikte in Gesellschaft und Kultur sieht. Solche Umbrüche und Verwerfungen, deren Ursachen in langfristig sich auswirkenden Entwicklungstrends der modernen Industriegesellschaft liegen, traten in der kurzen Epoche der Weimarer Republik in besonders extremer Form auf, und sie fielen zusammen mit den durch den Ersten Weltkrieg und später durch die Weltwirtschaftskrise ausgelösten Erschütterungen. Darin sind die tieferen Gründe für den Aufstieg der NSDAP zur Massenbewegung zu suchen. Dieser Aufstieg war nur möglich, weil die bestehenden großen politischen Parteien, durch die Fülle ungelöster Probleme offensichtlich überfordert, immer weniger als Interessenvertreter ihrer jeweiligen Klientel angesehen wurden. In einem unaufhaltsamen Prozeß verloren sie den Kontakt zu ihren Stammwählern; sie entfernten sich von den sozialen Milieus, in denen sie ursprünglich entstanden waren.

Betrachtet man die verschiedenen Lager im einzelnen, so ergibt sich ein unterschiedliches Bild. Relativ in sich gefestigt und beständig blieben das katholische und das sozialistische Lager; aber auch hier zeigten sich Schwächungs- bzw. Lähmungstendenzen.

Die an die katholische Kirche gebundene Bevölkerung, das katholische Milieu, hatte angesichts der massiven antikatholischen Kulturpolitik des Kaiserreichs ein hohes Maß an Geschlossenheit und Abwehrbereitschaft ent-

40

wickelt. Nach dem Fortfall dieser staatlichen Bedrohung und bedingt durch die allgemeine Tendenz zur Säkularisierung ließ die Integrationskraft des Katholizismus allmählich nach. Insbesondere im katholischen Vereinswesen zeigten sich Verkrustungs- und Ermüdungserscheinungen. Diese immer deutlicher hervortretende desintegrierende Wirkung äußerte sich auch in einem zwar nicht dramatischen, aber doch kontinuierlichen Wählerschwund der beiden katholischen Parteien, Zentrum und Bayerischer Volkspartei.

Die sozialistische Arbeiterbewegung konnte in der Weimarer Zeit ihr Organisationsgefüge, insbesondere das breit angelegte Vereinswesen, zwar noch weiter ausbauen, litt jedoch entscheidend an der in der Revolutionsphase eingetretenen Spaltung zwischen Sozialdemokratie und Kommunismus. Diese Selbstblockade und die – dadurch bedingte – eingeschränkte Handlungsfähigkeit der Arbeiterbewegung, ferner der unaufhaltsame Abbau sozialpolitischer Errungenschaften nach 1923 und nicht zuletzt die schlechte materielle Lage – der Lebensstandard der Vorkriegszeit wurde nur kurzfristig Ende der zwanziger Jahre wieder erreicht – verstärkten Resignation und Lähmung innerhalb des sozialistischen Lagers.

Noch wesentlich stärker traten die Auflösungstendenzen im sogenannten alten Mittelstand, also bei den Handwerkern und Einzelhändlern, in Erscheinung. Traditionell zu den liberalen Parteien tendierend, waren diese Gruppen besonders hart durch die Inflation und den folgenden Konzentrationsprozeß getroffen und von Existenzängsten gepeinigt. Man orientierte sich an dem vorindustriellen Vorbild einer harmonischen ständestaatlichen Ordnung und erwartete vom Staat die Bewahrung von Standesprivilegien. Auch für das protestantische ländliche Milieu, traditionell eher konservativ wählend, hatte sich die Lage erheblich verschlechtert. Die Landwirtschaft war Mitte der zwanziger Jahre nach einer Welle von Investitionen hochverschuldet und mußte bereits seit 1927 durch den weltweiten Verfall der Agrarpreise schwere Rückschläge hinnehmen.

Tiefgreifend verunsichert begannen Handwerk, Einzelhändler und Landbevölkerung, sich von ihren hergebrachten Interessenvertretungen abzuwenden. Dies äußerte sich nicht nur in Stimmenverlusten für die liberalen und konservativen Parteien, sondern auch in einer Erosion des mittelständischen Verbandswesens; die Honoratioren, die hier stets den Ton angegeben hatten, verloren innerhalb ihrer Klientel mehr und mehr an Autorität und Vertrauen. Als neuer Typ von mittelständischen Interessenvertretungen entstanden militante Organisationen: so etwa die sich von Schleswig-Holstein rasch ausbreitende agrarische Protestbewegung, das *Landvolk*, die verschiedenen Zusammenschlüsse der durch die Inflation geschädigten Sparer- und Hypothekengläubiger oder die wiederum ihre Sonderinteressen vertretenden Hausbesitzerverbände. Teilweise traten diese Gruppierungen auch bei den Wahlen an und beschleunigten so den Desintegrationsprozeß innerhalb der traditionellen Mittelstandsparteien. Während diese Splitterparteien bei den Wahlen im September des Jahres 1928 bereits 14 Prozent der Stimmen errangen, gingen die Prozentanteile der konservativen und liberalen Parteien auf alarmierende Weise zurück: Die DDP sank zwischen 1920 und 1928 von 8,3 auf 4,9, die DVP in dem gleichen Zeitraum von 13,9 auf 8,7 und die DNVP zwischen 1924 und 1928 von 20,5 auf 14,2 Prozent.

3. Die NSDAP in der »Stabilitätsphase«

Bereits in der »stabilen« Phase Weimars behauptete sich die NSDAP, trotz zunächst noch ausbleibender Wahlerfolge, als einziger festgefügter organisatorischer Kern innerhalb des rechtsradikalen Spektrums. Ausgangspunkt dieser Konsolidierung war die Aufhebung des nach dem Putsch von 1923 erlassenen NSDAP-Verbots unmittelbar nach Hitlers Entlassung aus der Festungshaft im Dezember 1924. Hitler gelang es relativ schnell, die während seiner Freiheitsstrafe in verschiedene Gruppierungen zerfallene Bewegung wieder unter seiner Führung zu vereinigen; die Neugründung der NSDAP erfolgte bereits am 27. Februar 1925. Auf einer reichsweiten Tagung von NSDAP-Führern im Februar 1926 in Bamberg konnte er sich gegen eine Gruppe nordwestdeutscher Gauleiter durchsetzen, die einen sozialradikalen, antikapitalistischen Kurs vertraten.

Die Parteiorganisation wurde nun nach und nach zentralisiert und die Gaueinteilung an die der Reichstagswahlkreise angepaßt. Der Neuaufbau erfaßte auch die SA, aber im Unterschied zu ihrer Rolle vor 1923 wurde sie nicht mehr als Wehrverband, als militärisch ausgebildete Putschtruppe, sondern als reines Hilfsorgan der Partei angesehen.

Zunächst war die Taktik der Parteiführung auf die Gewinnung der städtischen Arbeiterschaft gerichtet. Der im November 1926 zum Berliner Gauleiter ernannte Joseph Goebbels führte diese Taktik besonders intensiv durch: Er setzte sich das Ziel, durch ständige Auseinandersetzungen mit der Linken, durch eine sich ergänzende Mischung von einfallsreicher Agitation und brutaler Gewaltanwendung, zunächst einmal die Aufmerksamkeit der Öffentlichkeit auf die noch unbedeutende Partei zu ziehen. Die Anstrengungen der NSDAP brachten jedoch vorerst keine größeren Erfolge: Bei den Reichstagswahlen von 1928 erreichte sie nur 2,6 Prozent der Stimmen. Da die besten Wahlergebnisse vor allem im ländlichen Bereich zu verzeichnen waren, setzten sich nun auch in der Parteispitze diejenigen Kräfte durch, die schon seit längerem eine stärkere Agitation auf dem Lande gefordert hatten.

Ausgehend von Schleswig-Holstein, wo die Partei, anknüpfend an die Agitation der Landvolkbewegung, ein erhebliches Protestpotential für sich mobilisieren konnte, ging die NSDAP nun dazu über, schwerpunktmäßig ihre Kräfte auf jeweils eine Region zu konzentrieren: Jede Stadt, jedes Dorf eines bestimmten Gebietes wurden über Wochen mit einem Trommelfeuer von Propaganda belegt und politische Gegner, die sich zu rühren wagten, mit Hilfe der SA mundtot gemacht; dies geschah so lange, bis der Landstrich buchstäblich als »erobert« gelten konnte.

Im Zentrum der NSDAP-Propaganda stand ein einfaches Schwarz-Weiß-Schema. Die Darstellung der bestehenden Verhältnisse blieb möglichst negativ und auf ganz bestimmte Stereotypen reduziert: die Schmach des Versailler »Friedensdiktats«, die Unzulänglichkeiten des Weimarer »Systems«, die miserablen Lebensbedingungen unter der beginnenden Wirtschaftskrise. Dieses Schattenreich kontrastierte man mit der leuchtenden Utopie des *Dritten Reiches*, die jedoch möglichst vage beschrieben wurde, um nicht Interessengegensätze innerhalb der Anhängerschaft aufbrechen zu lassen.

Die Wirkung dieser an sich schon effektvollen Propaganda erhöhten schablonenhaft karikierte Feindbilder, wie der »marxistische Funktionär«, der »Systembonze« oder der »internationale Kapitalist«. Konsequent zeichnete man solche negative Figuren als Juden, so daß die gesamte NS-Propaganda eine antisemitische Grundfärbung erhielt. Diesen negativen Klischees stellte man andererseits Hitler als personifizierte Heilserfüllung gegenüber. Die Konzentration auf nur wenige Themen, der einhämmernde Wiederholungseffekt und die stets latente Drohung mit Gewalt bildeten weitere Kennzeichen der NS-Propaganda.

Die bevorzugte Form der NS-Propaganda war die Kundgebung: Im Zentrum stand das gesprochene Wort, die Rede, unterstützt von Bildern, Symbolen und Ritualen, wie etwa Aufmärschen, Fahnenweihen usw. Um möglichst jeden zu erreichen, wurden bewußt moderne Mittel eingesetzt, wie etwa Filmwagen, die auf dem Land für willkommene Abwechslung sorgten, oder das Flugzeug, durch das sich Hitler in der Endphase der Republik in der Lage sah, ein bis dahin nicht gekanntes Veranstaltungsprogramm zu absolvieren. Die sorgsam inszenierten Auftritte des Führers und die einmal im Jahr als Massenveranstaltung abgehaltenen Parteitage stellten die Höhepunkte dieser Propagandaanstrengungen dar.

IV. Der Untergang der Republik und der Aufstieg der NSDAP (1930–1933)

Die Belastungen aus Kriegs- und Nachkriegszeit und die angesprochenen strukturellen Probleme verstärkten die Wirkungen der wirtschaftlichen und politischen Krise, in die die erste Republik 1929/30 geriet.

1. Die Wirtschafts- und Staatskrise

Die Weltwirtschaftskrise, ausgelöst durch den Zusammenbruch der New Yorker Börse am 25. Oktober 1929, dem *Schwarzen Freitag*, traf die deutsche Volkswirtschaft in besonderer Weise. Deutschland hatte in hohem Maße kurzfristige amerikanische Anleihen aufgenommen, die – obgleich meist langfristig angelegt – nun zurückgefordert wurden. Ursachen für den extrem hohen

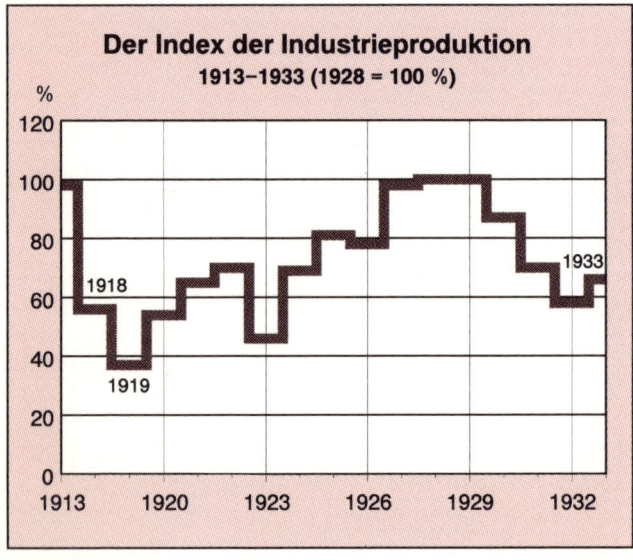

Der Index der Industrieproduktion
1913–1933 (1928 = 100 %)

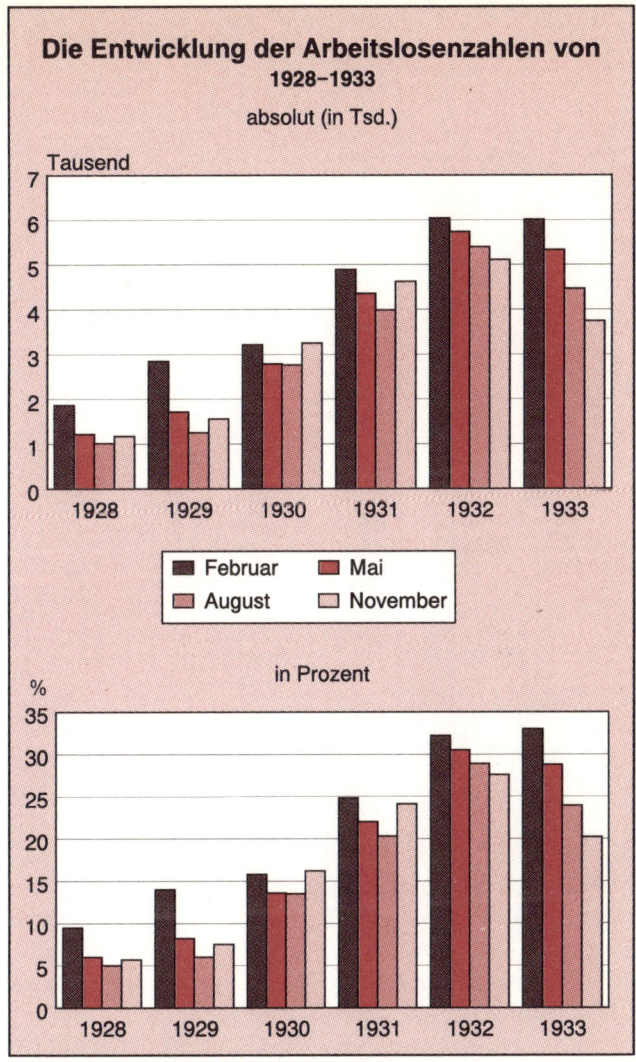

Die Entwicklung der Arbeitslosenzahlen von
1928–1933

absolut (in Tsd.)

Tausend

Legende: Februar, Mai, August, November

in Prozent

%

deutschen Kreditbedarf waren der Kapitalmangel nach der Geldentwertung von 1923, aber auch eine leichtfertige Ausgabenfreudigkeit der staatlichen Finanzpolitik in

			Die wichtigsten Minister		
Zeitpunkt	Regierung	Reichs-kanzler	Außen-minister	Innen-minister	Reichswe minister
1.1.30	Müller (SPD, Zentrum, DDP, DVP)	Müller (SPD)	Curtius (DVP)	Severing (SPD)	Groener (parteilos
30.3.30	Brüning (Präsidial-kabinett)	Brüning (Zentrum)	Curtius (DVP)	Wirth (Zentrum)	Groener (parteilos
9.10.31	Brüning (präsidiales Fachkabinett)	Brüning (Zentrum)	Brüning (Zentrum)	Groener (parteilos)	Groener (parteilos
1.6.32	Papen (Präsidial-kabinett)	Papen (parteilos)	Freiherr Neurath (parteilos)	Freiherr Gayl (DNVP)	Schleiche (parteilos
3.12.32	Schleicher (Präsidial-kabinett)	Schleicher (parteilos)	Freiherr Neurath (parteilos)	Bracht (parteilos)	Schleiche (parteilos
30.1.33	Hitler (NSDAP-DNVP)	Hitler (NSDAP)	Freiherr Neurath (parteilos)	Frick (NSDAP)	Blomber (parteilos

der scheinbar stabilen Phase und nicht zuletzt die Notwendigkeit, die Reparationsverpflichtungen zu erfüllen. Deutsche Reparationszahlungen, Rückzahlung der französischen Kriegskredite an die USA und amerikanische Kreditleistungen an Europa hatten einen internationalen Finanzzyklus gebildet, der jetzt zusammenbrach.

Zu diesen weltwirtschaftlichen Einwirkungen kamen für die deutsche Volkswirtschaft eine Ende 1929 wieder abflachende Konjunktur sowie die geschilderten ungelösten strukturellen Probleme: hohe Sockelarbeitslosigkeit,

n Kabinetten von 1930–1933

rtschafts-minister	Vizekanzler	Finanz-minister	Ernährungs-minister	Arbeits-minister	Justiz-minister
bert hmidt PD)	–	Molden-hauer (DVP)	Dietrich (DDP)	Wissel (SPD)	Guérard (Zentrum)
etrich DP)	Dietrich (DDP)	Moldenhau-er (DVP) ab 26.6.30: Dietrich (DDP)	Schiele (DNVP)	Stegerwald (Zentrum)	Bredt (Wirtschafts-partei)
rmbold rteilos)	Dietrich (DDP)	Dietrich (DDP)	Schiele (Landvolk-Partei)	Stegerwald (Zentrum)	Joel (parteilos)
rmbold rteilos)	–	Graf Schwerin Krosigk (parteilos)	Freiherr Braun (DNVP)	Schäffer (parteilos)	Gürtner (DNVP)
rmbold rteilos)	–	Graf Schwerin Krosigk (parteilos)	Freiherr Braun (DNVP)	Syrup (parteilos)	Gürtner (DNVP)
genberg NVP)	Papen (parteilos)	Graf Schwerin Krosigk (parteilos)	Hugenberg (DNVP)	Seldte (Stahlhelm)	Gürtner (DNVP)

relativ hohe Löhne und Sozialleistungen, chronische Wachstumsschwäche und eine Überkartellisierung der Wirtschaft. Die Krise machte sich massiv seit 1930 bemerkbar und führte zu Bankenzusammenbrüchen, zu einem Rückgang der Industrieproduktion um mehr als zwei Fünftel, Stillegungen auf breiter Front und vor allem zu Massenarbeitslosigkeit. 1932 waren über sieben Millionen Menschen ohne Arbeit. Neben der kaum mehr vorstellbaren materiellen Verelendung hatte die Arbeitslosigkeit für die Betroffenen schwerwiegende psychologische

Folgen: Das Ende des Rhythmus von Arbeit und Freizeit führte zu einem Verlust des Zeitgefühls und zu einer Sinnentleerung des Alltags. Hinzu kamen die Erfahrung der Isolation und das Gefühl, hilflos an eine vollkommen überforderte, aber dennoch ganz pedantisch kontrollierende Sozialbürokratie ausgeliefert zu sein. In dieser Lage schienen die Hilfsangebote und Versprechungen der radikalen politischen Kräfte eine gangbare Alternative aufzuzeigen.

2. Die Auflösung der Großen Koalition und der Beginn der Ära Brüning

Der Untergang der Weimarer Republik läßt sich allerdings nicht allein auf die Unfähigkeit der Demokratie zurückführen, auf die Krise mit ihren bisher unbekannten Herausforderungen angemessen zu reagieren. Entscheidend ist vielmehr, daß unter dem Eindruck der sich täglich verschlechternden Lebensbedingungen in den Jahren 1930–1933 eine offene Abwendung der gemäßigten Rechten und großer Teile der alten Führungsschichten in Wirtschaft, Staat und Gesellschaft von der ohnehin ungeliebten demokratischen Ordnung einsetzte. In diesem Zeitraum wurde die Weimarer Republik zu einem halbautoritären Staat umgebaut; in dieser Phase, in der die demokratischen Kräfte gelähmt waren, gelang Hitler mit der NSDAP der entscheidende Durchbruch zur Macht.

Am Anfang dieser Umgestaltung der Republik steht der Bruch der seit Juni 1928 regierenden Großen Koalition unter der Führung des Sozialdemokraten Hermann Müller im März 1930. Bei dem Ende dieses vielversprechenden, breit angelegten Regierungsbündnisses, das die schlimmsten Auswirkungen der Krise in einer großen gemeinsamen Anstrengung möglicherweise hätte abfangen können, ging es vordergründig um die verhältnismäßig geringfügige Erhöhung der Beiträge zur Arbeitslosenversicherung, die von der Deutschen Volkspartei abgelehnt, von den Sozialdemokraten und Gewerkschaften aber eingefordert wurde. Tatsächlich jedoch war der Bruch der großen Koalition das Ergebnis einer grundsätzlichen Auseinandersetzung um die sozialpolitische Verfassung der Weimarer Republik.

Die Großindustrie, als deren Interessenvertreterin die DVP auftrat, verfolgte angesichts der sich ankündigenden Wirtschaftskrise das Ziel, die schon seit Jahren als zu hoch angeprangerten sozialen Leistungen radikal abzubauen und die Sozialdemokraten als die Vertreter eines

---

Ruhreisenstreit

Zu einer der Neuerungen der Nachkriegszeit gehörte das Instrument der staatlichen Zwangsschlichtung, das 1923 durch eine Verordnung festgeschrieben wurde und in der Zeit der Währungsstabilisierung massive Lohneinbrüche zu Lasten der Arbeitnehmer verhindern sollte. Diese staatliche Regulierung stellten die Unternehmer der Eisenindustrie des Ruhrgebiets 1928 in Frage: Sie beantworteten den durch den sozialdemokratischen Reichsarbeitsminister ausgesprochenen Schiedsspruch mit einer Aussperrung in allen Betrieben. Der Ruhreisenstreit zeigte deutlich eine Wende in der Haltung der Schwerindustrie gegenüber der Weimarer Republik an: Der Angriff auf die Zwangsschlichtung richtete sich gegen das Prinzip der sozialpolitischen Staatseingriffe und damit gegen einen der Eckpfeiler der in der Revolution von 1918/19 geschaffenen gesellschaftlichen Ordnung, die auf einem partnerschaftlichen Interessenausgleich von Kapital und Arbeit und auf der Kooperation zwischen der Arbeiterbewegung und dem Bürgertum aufgebaut war.

arbeitnehmerfreundlichen Kurses dauerhaft aus der Regierung zu verdrängen. Diese aggressive Politik des Arbeitgeberlagers hatte bereits zwei Jahre zuvor, während des sogenannten *Ruhreisenstreits,* eingesetzt.

Ein weiteres Motiv für die Auflösung der Koalition kam hinzu: Nach der Verabschiedung des Young-Plans im Januar 1930 war der ursprüngliche Hauptgrund für die gemeinsame Regierungsarbeit mit den Sozialdemokraten entfallen, nämlich deren Unterstützung bei den Verhandlungen um die Neuregelung der Reparationsfrage zu erhalten. Es erübrigte sich nun, den Verbleib der Sozialdemokraten in der Koalition mit Zugeständnissen in der Sozialpolitik zu erkaufen. Für die Sozialdemokraten andererseits war die Verweigerung der Beitragserhöhung für die Arbeitslosenversicherung genau jener Tropfen, der das Faß zum Überlaufen bringen sollte. Zeigte man sich in dieser Frage kompromißbereit, so die Befürchtung der Sozialdemokraten, müßte man auch den weiteren Abbau von Sozialleistungen mittragen, und das erschien im Hinblick auf die eigene Wählerschaft und die kommunistische Konkurrenz nicht ratsam.

Der Vorsitzende des Zentrums, Heinrich Brüning, erhielt nun durch von Hindenburg den Auftrag, auch ohne Rücksicht auf das Parlament, gestützt allein auf das *Notverordnungsrecht des Reichspräsidenten,* zu regieren. Der Reichspräsident gab Brüning ferner die Garantie, im Falle der Ablehnung seiner Notverordnungen durch das Parlament von seinem Recht zur Auflösung des Reichstags Gebrauch zu machen.

3. Der Durchbruch der NSDAP zur Massenbewegung

Unmittelbar nach seinem Regierungsantritt im Juli 1930 setzte Brüning dieses Instrument ein, um zwei vom Parlament abgelehnte Steuergesetze durchzusetzen. Brü-

Notverordnungsrecht des Reichspräsidenten

Der Art. 48 der Weimarer Verfassung gab dem Reichspräsidenten das Recht, bei erheblicher Gefährdung der öffentlichen Sicherheit und Ordnung die »nötigen Maßnahmen« zu ergreifen, d. h. Notverordnungen mit Gesetzeskraft zu erlassen. Von diesem Sonderrecht hatte Reichspräsident Ebert in den Krisenjahren der Nachkriegszeit mehrfach Gebrauch gemacht. Als Sicherung sah der Art. 48 allerdings vor, daß die Notverordnungen vom Parlament zurückgewiesen werden konnten. Der Reichspräsident hatte dann noch die Möglichkeit, das Parlament aufzulösen, und konnte damit die Regierung nach Art. 25 der Verfassung für einen Zeitraum von 60 Tagen von der parlamentarischen Kontrolle befreien. Dieses letzte Mittel mußte Brüning allerdings nur einmal anwenden; nach dem verheerenden Wahlergebnis vom 14. September 1930 konnte er sich auf die »Tolerierungspolitik« der SPD stützen, die parlamentarische Initiativen zur Ablehnung von Notverordnungen grundsätzlich nicht mittrug. Als Notstandsrecht war der Art. 48 für innenpolitische Krisensituationen gedacht. Ihn – wie von Hindenburg es tat – immer wieder nur deshalb einzusetzen, weil die amtierende Regierung für ihre Gesetzesvorlagen keine parlamentarische Mehrheit fand, stieß schon unter Zeitgenossen auf schwere verfassungspolitische Bedenken.

nings Entscheidung zur Auflösung des Reichstags war jedoch verhängnisvoll: Er nahm damit in Kauf, daß die NSDAP, die bereits bei den letzten Landtagswahlen sensationelle Erfolge zu verzeichnen hatte, bei den Reichstagswahlen vom September 1930 ihren Stimmenanteil von 2,6 auf 18,3 Prozent und die Zahl ihrer Mandate von

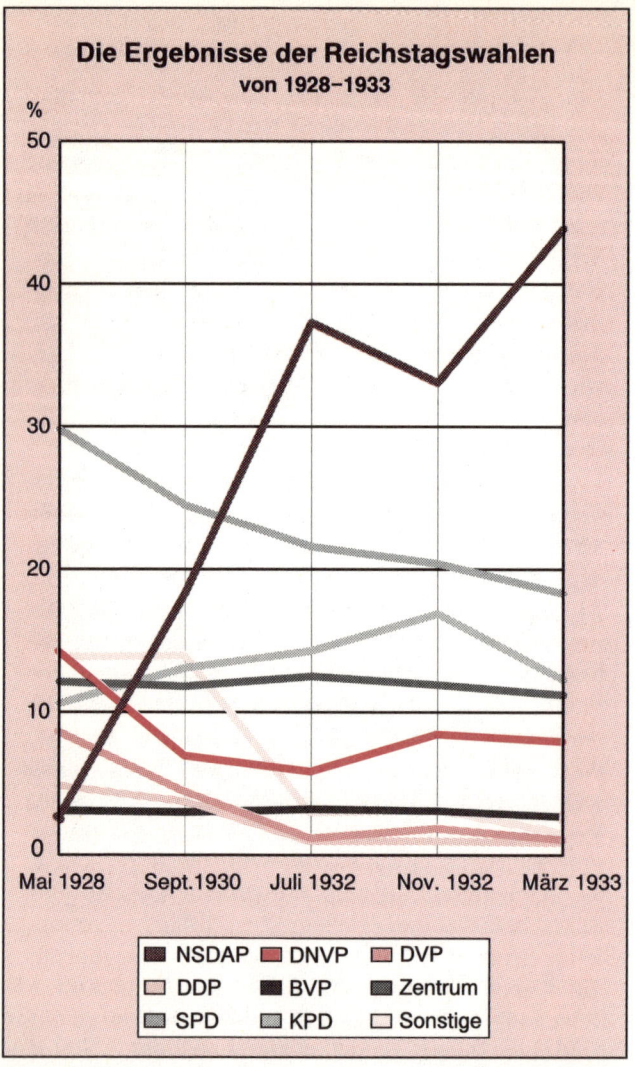

Die Ergebnisse der Reichstagswahlen
von 1928–1933

%

Legend:
- NSDAP
- DNVP
- DVP
- DDP
- BVP
- Zentrum
- SPD
- KPD
- Sonstige

X-axis: Mai 1928, Sept.1930, Juli 1932, Nov. 1932, März 1933

12 auf 107 steigern konnte. Die in der Öffentlichkeit bisher wenig beachtete Splitterpartei war damit in kürzester Zeit zur Massenbewegung geworden. In diesen Wah-

len setzte sich der Niedergang von DNVP, DVP und DDP rapide fort, während sich die Splitterparteien insgesamt noch behaupten konnten.

Das Ergebnis der Wahlen löste innerhalb der NSDAP eine beispiellose Siegeseuphorie aus. Viele Anhänger zeigten sich davon überzeugt, die Partei werde in kurzer Zeit an die Macht kommen. Diese optimistische Grundstimmung, für die Hitler als Symbolfigur stand, sollte über die nächsten zwei Jahre fast ungebrochen anhalten und die Aktivitäten der Partei zu einem erheblichen Teil tragen; sie setzte aber andererseits den Parteiführer auch unter Zugzwang.

Ulmer Reichswehrprozeß

In einer in Ulm stationierten Artillerieabteilung hatten drei junge Leutnants eine Art nationalsozialistischer Zelle gebildet und waren deshalb 1930 wegen Hochverrats vor dem Leipziger Reichsgericht angeklagt worden. Der Prozeß begann am 23. September 1930. Die Verteidigung lud Hitler als Zeugen, um ihn über die Ziele der Partei befragen zu lassen. Hitler nutzte die Chance, wenige Tage nach dem spektakulären Wahlerfolg seiner Partei zu versichern, daß er seine Vorstellungen auf legale Weise verwirklichen wolle. Wenn in nationalsozialistischen Publikationen von einer »nationalen Revolution« die Rede sei, so sei dies lediglich als eine »allgemeine geistige und völkische Erhebung des deutschen Volkes zu verstehen«. Trotz seiner Legalitätsbeteuerungen machte Hitler aber auch folgende Aussage: »Wenn unsere Bewegung in ihrem legalen Kampfe siegt, wird ein deutscher Staatsgerichtshof kommen, und der November 1918 wird seine Sühne finden, und es werden auch Köpfe rollen.«

Den Ängsten und dem Mißtrauen, die der überraschende NS-Wahlerfolg im In- und Ausland hervorrief, versuchte Hitler demonstrativ entgegenzutreten: Wenige Tage nach den Wahlen nutzte er seine Zeugenaussage beim sogenannten *Ulmer Reichswehrprozeß,* um erneut den legalen Kurs der Partei zu betonen.

4. Die weitere Expansion der NSDAP in der Ära Brüning

Hauptziel Brünings war es, die Krise auszunutzen, um aller Welt die Zahlungsunfähigkeit des Reiches vor Augen zu führen, die Reparationszahlungen zu Ende zu bringen und damit letztlich aus dem in Versailles geschaffenen System auszubrechen. Vor allem aus diesem Grund unterblieb eine wirksame Politik der Kriseneindämmung. Durch die weitere Verelendung und Radikalisierung großer Teile der Bevölkerung infolge der sich verschärfenden Krise, aber auch durch die offenkundige Schwäche der Regierung Brüning, die im Parlament über keine Mehrheit verfügte, sondern fallweise die Unterstützung der Sozialdemokraten erhielt, vergrößerte sich die Anhängerschaft der NSDAP. Eine wirksame Bekämpfung der Nationalsozialisten unterblieb. Brüning zögerte damit schon deswegen, weil die durch die NS-Bewegung, besonders durch die SA, mobilisierten jungen Männer in der Reichswehrführung und von einigen Kräften in der Umgebung von Hindenburgs als personelles Reservoir für die geplante Wiederbewaffnung des Reiches angesehen wurden. Außerdem hoffte er, die NSDAP durch ein Zusammengehen in den Ländern für seine Politik einspannen zu können; auch aus diesem Grund verzichtete er auch ein offensives Vorgehen gegen die NSDAP.

Anfang Oktober 1931 veranstaltete die NSDAP zusammen mit der DNVP, dem Stahlhelm und anderen rechtsgerichteten Kräften in Bad Harzburg ein gemeinsames

Treffen. Die hier gebildete *Harzburger Front* verdeutlichte erneut die Anerkennung, die Hitler in weiten Kreisen selbst der bürgerlichen Rechtsbewegung erfuhr. Der Führer der NSDAP sollte sich allerdings in den kommenden Monaten als wenig kooperativ gegenüber seinen neuen Bündnispartnern erweisen. Schon kurze Zeit nach Bad Harzburg demonstrierte er seinen alleinigen Führungsanspruch in dem rechten Lager, indem er in Braunschweig zu der bisher größten NS-Massenveranstaltung an die 100.000 SA- und SS-Männer aufmarschieren ließ.

Getragen von der in der Partei immer stärker um sich greifenden Siegesgewißheit trat Hitler bei der im Frühjahr 1932 fälligen Neuwahl des Reichspräsidenten gegen von Hindenburg an. Im ersten Wahlgang erreichte er jedoch nur 11,3 Millionen Stimmen gegenüber den 18,7 Millionen, die für von Hindenburg votiert hatten; dies empfand die Anhängerschaft der NSDAP als einen schweren Rückschlag. Im zweiten Wahlgang gewann von Hindenburg dann mit 19,4 Millionen Stimmen die erforderliche absolute Mehrheit, während Hitler immerhin 13,4 Millionen Stimmen auf sich vereinigen konnte.

Während des ganzen Jahres 1932 führte die NSDAP praktisch einen permanenten Wahlkampf. Die Gewalttätigkeiten, die einen festen Bestandteil ihrer Agitation bildeten, wurden bis an den Rand eines offenen Bürgerkriegs vorangetrieben. Der Führerkult um die Person Hitlers, den sein Anhang immer häufiger nur noch als »Der Führer« bezeichnete, steigerte sich in einem nicht mehr zu überbietenden Ausmaß. Diese ungeheuren Wahlkampfanstrengungen brachten auch auf Länderebene Erfolge: Nachdem die Partei bereits 1930/31 in Thüringen und seit dem Oktober 1930 in Braunschweig an der Regierung beteiligt worden war, gelang es ihr im Laufe des Jahres 1932 in einer Reihe kleiner Länder, in Sachsen-Anhalt, Oldenburg und Mecklenburg-Schwerin, ebenfalls die Führung der Landesregierungen zu übernehmen.

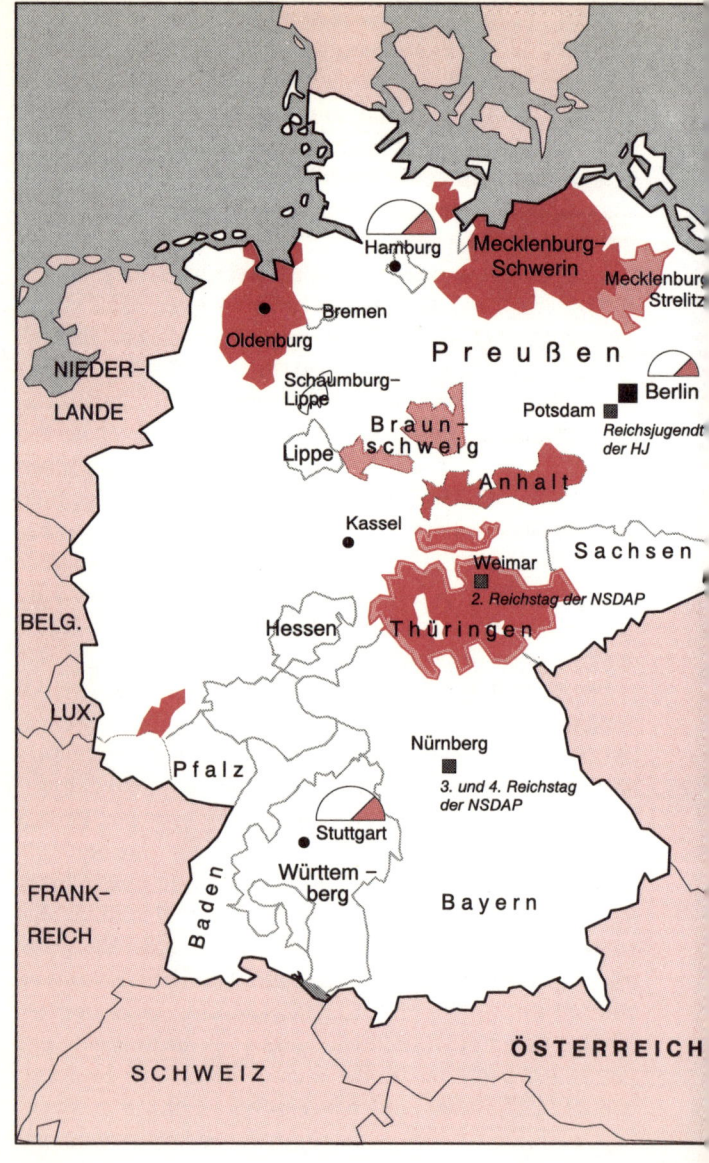

NIEDER–
LANDE

Hamburg

Mecklenburg–
Schwerin

Mecklenburg
Strelitz

Bremen

Oldenburg

P r e u ß e n

Schaumburg–
Lippe

Braun–
schweig

Berlin

Potsdam

*Reichsjugendt
der HJ*

Lippe

Anhalt

Kassel

S a c h s e n

Weimar

2. Reichstag der NSDAP

BELG.

Hessen

T h ü r i n g e n

LUX.

Nürnberg

*3. und 4. Reichstag
der NSDAP*

Pfalz

Stuttgart

Württem –
berg

FRANK–

REICH

Baden

B a y e r n

ÖSTERREICH

SCHWEIZ

● Königsberg

O s t p r e u ß e n

P O L E N

T S C H E C H O S L O W A K E I

———	Grenze des Deutschen Reiches
....	Grenzen der Bundesländer
■	Treffen der NSDAP
▧	Regierungsbeteiligung der NSDAP
▧	NSDAP–geführte Landesregierungen
◠	NSDAP stärkste Fraktion im Landtag

Die NSDAP in den Länderregierungen vor 1933

5. Die Ablösung Brünings durch von Papen

Die von der SA ausgehenden Gefahren eskalierten so dramatisch, daß die Reichsregierung nun doch zu Gegenmaßnahmen schritt. Ein reichsweiter Alarm der SA-Einheiten in der Zeit der Reichspräsidentenwahlen zeigte überdeutlich die Gefahr eines NS-Putsches: Am 13. April 1932 wurde ein Verbot der SA erlassen. Zwar war die Parteitruppe auf einen solchen Schritt vorbereitet und verlegte ihre Aktivitäten in den Untergrund, doch die Tatsache, daß die *Braunen Bataillone* nicht mehr aufmarschieren konnten, behinderte die Agitation der NS-Bewegung erheblich.

Die NSDAP versuchte nun, durch wiederum vorgezogene Neuwahlen zum Reichstag eine Entscheidung zu ihren Gunsten herbeizuführen. Sie nahm Verhandlungen mit dem einflußreichen Leiter des Ministeramts im Reichswehrministerium, General Kurt von Schleicher, auf, der über ausgezeichnete Querverbindungen, insbesondere auch zum Reichspräsidenten, verfügte. Die NSDAP stellte in vager Form die Unterstützung für ein rechtsgerichtetes Kabinett in Aussicht und verlangte als Vorbedingungen die Aufhebung des SA-Verbots und vorgezogene Neuwahlen. Dabei fiel von Schleicher die Aufgabe zu, das Ansehen Brünings beim Reichspräsidenten systematisch zu unterminieren. Über dieses Intrigenspiel im Hintergrund war die Führung der NSDAP laufend unterrichtet, wie sich etwa mit Hilfe der Goebbels-Tagebücher belegen läßt.

Nach der so am 30. Mai erzwungenen Demission Brünings berief der Reichspräsident Franz von Papen, der dem äußersten rechten Flügel des Zentrums angehörte, zum Reichskanzler. Allerdings wurde von Papen weder vom Zentrum noch von einer anderen der im Reichstag vertretenen Parteien unterstützt; er verzichtete bei der Bildung seiner Regierung auch bewußt auf irgendeinen

Versuch parlamentarischer Absicherung. Sein rechtskon-
servatives »Kabinett der nationalen Konzentration«, genannt auch das »Kabinett der Barone«, in das von Schleicher als Wehrminister eintrat und so die Unterstützung
der Armee demonstrierte, bedeutete den endgültigen
Übergang zur *Präsidialdiktatur*. Offen vertrat von Papen
mit seiner Konzeption vom »Neuen Staat« die Hinwen-
dung zu einem autoritären Verfassungsmodell.

Absprachegemäß löste von Papen zunächst am 4. Juni

Präsidialdiktatur

Im Gegensatz zu Reichskanzler Brüning, der das
Notverordnungsrecht des Reichspräsidenten ausge-
nutzt hatte, um ohne das Parlament zu regieren (sich
aber immer wieder auf die Bereitschaft der Sozialdemokraten verlassen konnte, die Notverordnungen
nicht an parlamentarischen Mehrheiten scheitern zu
lassen), regierte von Papen gegen das Parlament.
Zweimal, am 4. Juni und in der ersten Sitzung des
gerade gewählten Reichstags am 12. September
1932, machte er von der präsidialen Auflösungsver-
fügung Gebrauch und verschaffte sich so für begrenz-
te Zeit die notwendige Handlungsfreiheit. Unter der
nun voll ausgebildeten präsidialen Diktatur verlager-
te sich das politische Entscheidungszentrum vom
Parlament zum greisen Reichspräsidenten und geriet
damit unter den Einfluß der Intrigen und taktischen
Überlegungen im Kreis seiner Berater. Die Bedeutung der Parteien schwand völlig, während das Ge-
wicht von Reichswehr, Bürokratie und Verbänden
zunahm. Die fast schon absurde Rolle, die Parlament
und Parteien jetzt noch spielten, schwächte das Vertrauen in die Demokratie und verstärkte den Wunsch
nach einer anderen Regierungsform.

den Reichstag auf und machte kurz darauf das SA-Verbot wieder rückgängig, so daß die NSDAP mit voller Kraft in den Wahlkampf gehen konnte. Wenige Tage vor den Wahlen, am 20. Juli 1932, beseitigte von Papen durch einen Staatsstreich gegen die preußische Regierung, den sogenannten *Preußen-Schlag,* das letzte ernstzunehmende republikanische Bollwerk gegen diktatorische Bestrebungen.

Bei den Wahlen vom 31. Juli 1932 konnte die NSDAP, vor allem auf Kosten von DNVP, DVP und DDP, aber auch der nun weitgehend vernichteten Splitterparteien, ihren Stimmenanteil auf 37,8 Prozent, d. h. auf 230 von 608 Mandaten, steigern. Die NSDAP war damit zwar zur dominierenden politischen Kraft geworden, sie war jedoch noch immer weit davon entfernt, über die Wahlurnen an die Macht zu kommen.

6. Massenbasis und Taktik der NSDAP

Ganz präzise Angaben über die Zusammensetzung der NSDAP-Wähler sind nicht möglich, da es eine moderne Demoskopie Anfang der dreißiger Jahre noch nicht gab. Auch ist es nicht unproblematisch, zeitgenössische Hinweise auf die Zugehörigkeit von NSDAP-Wählern zu bestimmten sozialen Schichten einfach zu übernehmen, da sich weite Teile der deutschen Gesellschaft während der Wirtschaftskrise in einem beispiellosen Umschichtungs- und Abstiegsprozeß befanden. Zu den gesicherten Erkenntnissen der Wahlforschung gehört aber, daß protestantische Wähler weit häufiger die NSDAP wählten als Katholiken; das katholische Milieu verhielt sich relativ resistent gegenüber der nationalsozialistischen Versuchung. Unbestreitbar ist auch, daß sich die Masse der NSDAP-Wähler aus den durch die Krise getroffenen Mittelschichten rekrutierte, also vor allem aus der Handwerkerschaft, dem Einzelhandel, den freien Berufen, der

Preußen-Schlag

Am 20. Juli 1932 ließ Reichskanzler von Papen mit Hilfe einer durch den Reichspräsidenten gezeichneten Notverordnung die (nur noch geschäftsführende) Regierung des sozialdemokratischen Ministerpräsidenten Otto Braun absetzen.

Von Papen wurde zum Reichskommissar für Preußen ernannt und mit der Führung der Geschäfte des preußischen Ministerpräsidenten beauftragt.

Als sein Stellvertreter und preußischer Innenminister wurde der Essener Oberbürgermeister Fritz Bracht bestellt.

Dieser von den republikanischen Kräften tatenlos hingenommene Staatsstreich war für die politische Rechte ein wichtiger Testfall für die schwache Widerstandskraft namentlich der SPD.

Die preußische Regierung konnte sich lediglich entschließen, beim Staatsgerichtshof zu klagen; der kam im Oktober zu dem Ergebnis, die Regierung Braun dürfe Preußen weiter nach außen hin vertreten, der Reichskommissar sei aber rechtmäßig eingesetzt und könne weiter die faktische Regierungsgewalt in Preußen ausüben.

Auch bei dem Preußen-Schlag handelte es sich um eine Vorleistung gegenüber den Nationalsozialisten, auf deren parlamentarische Unterstützung von Papen nach den Wahlen hoffte.

So konnte Goebbels in seinen Tagebüchern notieren, die Einsetzung des Reichskommissars sei »programmgemäß« verlaufen. Einige Monate später sollte für die Nationalsozialisten das durch von Papen gleichgeschaltete Preußen denn auch ein wichtiger Hebel bei der Durchsetzung ihrer Diktaturpläne werden.

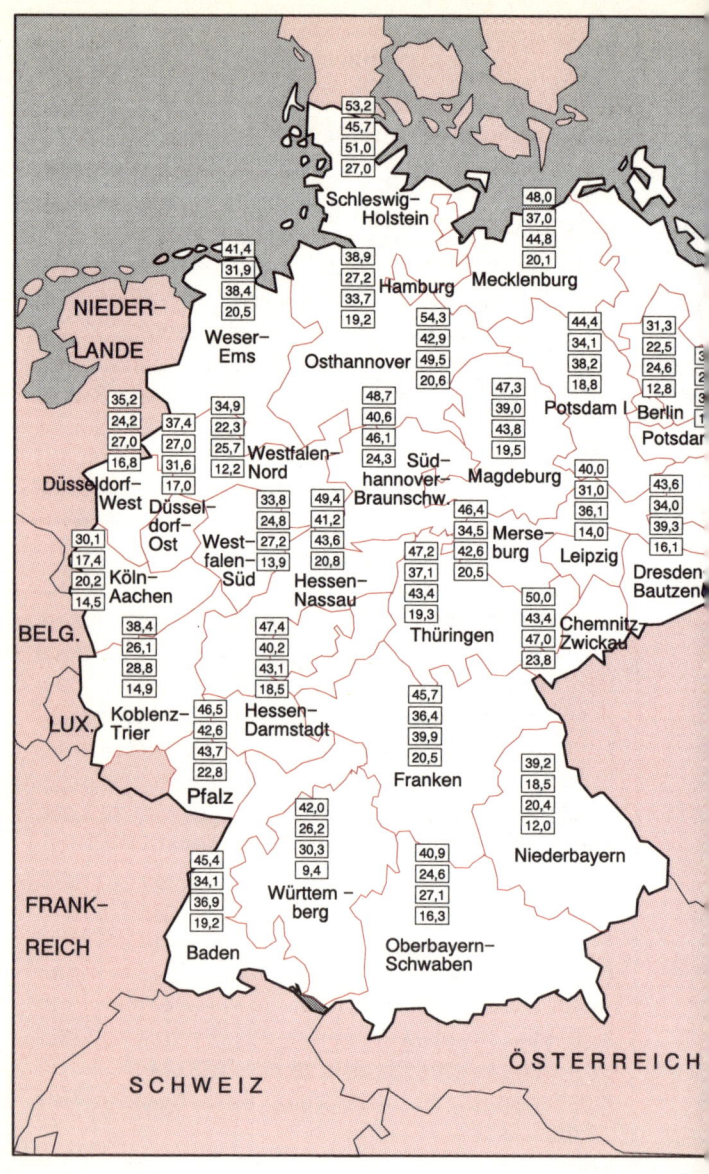

SCHLESWIG-
Holstein
53,2
45,7
51,0
27,0

Mecklenburg
48,0
37,0
44,8
20,1

Hamburg
38,9
27,2
33,7
19,2

NIEDER-
LANDE

Weser-
Ems
41,4
31,9
38,4
20,5

Osthannover
54,3
42,9
49,5
20,6

Potsdam
44,4
34,1
38,2
18,8

Berlin
31,3
22,5
24,6
12,8

Potsdam

Westfalen-
Nord
34,9
22,3
27,0
12,2

Süd-
hannover-
Braunschw.
48,7
40,6
46,1
24,3

Magdeburg
47,3
39,0
43,8
19,5

Düsseldorf-
West
35,2
24,2
27,0
16,8

Düssel-
dorf-
Ost
37,4
27,0
31,6
17,0

West-
falen-
Süd
33,8
24,8
27,2
13,9

Hessen-
Nassau
49,4
41,2
43,6
20,8

Merse-
burg
46,4
34,5
42,6
20,5

Leipzig
40,0
31,0
36,1
14,0

Dresden
Bautzen
43,6
34,0
39,3
16,1

Köln-
Aachen
30,1
17,4
20,2
14,5

Thüringen
47,2
37,1
43,4
19,3

Chemnitz-
Zwickau
50,0
43,4
47,0
23,8

BELG.

38,4
26,1
28,8
14,9

Hessen-
Darmstadt
47,4
40,2
43,1
18,5

LUX.

Koblenz-
Trier
46,5
42,6
43,7
22,8

Franken
45,7
36,4
39,9
20,5

Niederbayern
39,2
18,5
20,4
12,0

Pfalz

Württem-
berg
42,0
26,2
30,3
9,4

Oberbayern-
Schwaben
40,9
24,6
27,1
16,3

FRANK-
REICH

Baden
45,4
34,1
36,9
19,2

SCHWEIZ

ÖSTERREICH

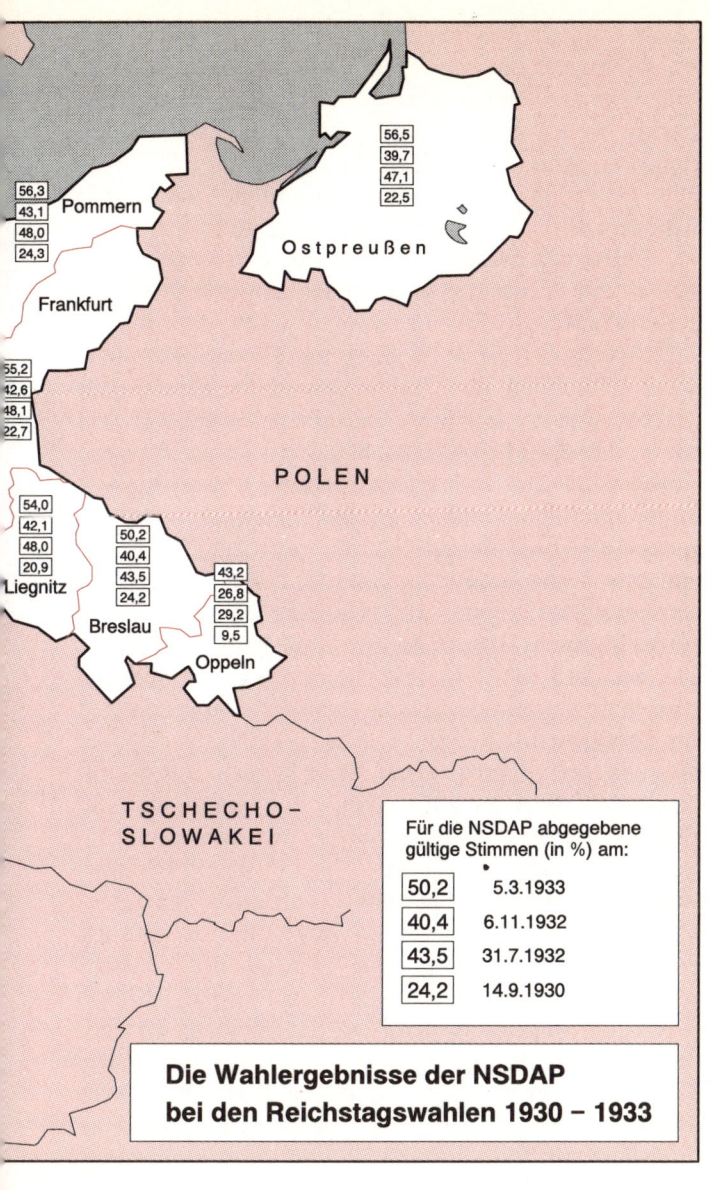

56,3	
43,1	Pommern
48,0	
24,3	

Ostpreußen

56,5
39,7
47,1
22,5

Frankfurt

55,2
42,6
48,1
22,7

POLEN

54,0	
42,1	
48,0	50,2
20,9	40,4
Liegnitz	43,5
	24,2

Breslau

43,2
26,8
29,2
9,5

Oppeln

TSCHECHO-
SLOWAKEI

Für die NSDAP abgegebene
gültige Stimmen (in %) am:

50,2	5.3.1933
40,4	6.11.1932
43,5	31.7.1932
24,2	14.9.1930

**Die Wahlergebnisse der NSDAP
bei den Reichstagswahlen 1930 – 1933**

Landwirtschaft, der Beamten- sowie aus bestimmten Teilen der Angestelltenschaft. Der NSDAP gelang es auch, eine relativ große Anzahl von Arbeitern zu sich heranzuziehen, wobei es sich überwiegend um Landarbeiter, Handwerksgesellen und um in Kleinbetrieben Beschäftigte gehandelt haben dürfte, während die industrielle Arbeiterschaft den Linksparteien weitgehend treu blieb. Sie bildete den zweiten gegenüber den Nationalsozialisten relativ resistenten Block innerhalb der deutschen Gesellschaft.

Die beispiellosen Wahlkampf- und Propagandaaktivitäten erforderten den fast permanenten Einsatz der NSDAP-Basis. Die NSDAP-Mitglieder – Anfang 1933 betrug ihre Zahl bereits etwa 800.000 – finanzierten die Arbeit der Partei zum überwiegenden Teil selbst oder trugen sie durch Sachspenden, Bereitstellung von Fahrzeugen und Eigenproduktion von einfachen Werbemitteln usw... Die Bedeutung von externen Spenden blieb demgegenüber sogar verhältnismäßig gering. Obwohl einige bekannte Industrielle wie Emil Kirdorf und Fritz Thyssen die NSDAP unterstützten und in Unternehmerkreisen für sie warben, blieben finanzielle Zuwendungen der Großindustrie zunächst verhältnismäßig gering; sie machten wohl überhaupt nur einen kleinen Teil des industriellen Spendenaufkommens für parteipolitische Zwecke aus. Die vieldiskutierte Verantwortung der Großindustrie für den Aufstieg Hitlers liegt vielmehr auf einem anderen Gebiet: Der Abbau des Sozialstaates, den die Industrie während der zwanziger Jahre und während der Weltwirtschaftskrise unnachgiebig betrieb, wirkte krisenverschärfend und begünstigte so den Aufstieg der NSDAP.

Neben dem permanenten Propagandafeldzug verwendete die NSDAP große Mühe darauf, das mittelständische Verbandswesen zu unterwandern, das durch den zunehmenden Vertrauensschwund der liberalen und konservativen Parteien richtungs- und führungslos geworden war.

Schon 1930 hatte sie zum Beispiel die Organisationen des Handwerks weitgehend unter Kontrolle; der von Richard Walter Darré aufgebaute *Agrarpolitische Apparat* unterwanderte 1931/32 erfolgreich die agrarischen Verbände, so etwa den *Reichslandbund*, der 1932 dazu aufrief, Hitler statt von Hindenburg zum Reichspräsidenten zu wählen; 1932 übernahm der von der NSDAP gegründete *Kampfbund für den gewerblichen Mittelstand* die Führung des Hauptverbandes des deutschen Einzelhandels; daneben wurden ungezählte lokale bürgerlich geprägte Vereine zu Sprachrohren und Transmissionsriemen der NS-Propaganda gemacht.

7. Die NSDAP in der Endphase der Republik

Nach der für ihn so erfolgreichen Wahl vom 31. Juli 1932 forderte Hitler den Posten des Reichskanzlers für sich. Eine Welle nationalsozialistischen Terrors sollte der Regierung zeigen, daß die Anhängerschaft kaum noch zu halten war. Unter den zahlreichen Morden, die in diesen Tagen begangen wurden, erregte die äußerst brutale Ermordung eines KPD-Anhängers durch eine Gruppe betrunkener SA-Leute im oberschlesischen *Potempa* besonderen Abscheu.

Den Anspruch Hitlers auf die Übernahme der Regierung wies der Reichspräsident jedoch am 13. August entschieden zurück. Diese Ablehnung führte der NSDAP deutlich vor Augen, daß ihre Politik trotz der großen Wahlerfolge in einer Sackgasse zu enden drohte. Innerhalb der Partei wuchsen die Zweifel an der Richtigkeit des legalen Kurses der Parteiführung; Teile der SA drängten zum Losschlagen.

Als der Reichstag Anfang September erneut aufgelöst wurde – bei einem Mißtrauensvotum hatte von Papen nur 42 Stimmen erhalten – zeigte die Wahlkampfmaschine der NSDAP personelle und materielle Erschöpfungserscheinungen. Die Depression verstärkte sich, als die Partei bei den für den 6. November angesetzten Neuwahlen einen Stimmenverlust von über vier Prozent erlitt und auf 33,1 Prozent absank. Demgegenüber konnte sich die DNVP von 6,2 auf 8,9 Punkte steigern. Die KPD erreichte mit 16,9 Prozent ihr bestes Ergebnis während der Weimarer Jahre überhaupt, während die SPD mit 20,4 Prozent ihr schlechtestes Resultat zu verzeichnen hatte.

Die Verluste der NSDAP führten auch dazu, daß der bereits seit längerem schwelende Konflikt zwischen Hitler und dem zweitstärksten Mann der Partei, Gregor Straßer, offen ausbrach. Straßer stellte der Strategie Hitlers, ohne Rücksicht auf mögliche Partner durch einen Alleingang zur Macht zu kommen, ein konstruktiveres Modell entgegen. Er strebte eine Koalitionsregierung an. Aus diesem Grund versuchte er, eine Zusammenarbeit mit den Arbeitnehmerorganisationen herzustellen, bemühte er sich um die Kooperation mit von Schleicher und machte zudem konkrete Vorschläge für ein nationalsozialistisches Arbeitsbeschaffungsprogramm. Gegen Ende 1932 befand sich die NSDAP am Rande einer Existenzkrise.

Am Jahresende zeigte sich auch, daß das Projekt eines rechtsautoritären Präsidialkabinetts, das von Papen im Sommer 1932 begonnen hatte, wegen seiner absoluten Erfolglosigkeit und allgemeinen Ablehnung in der Öffentlichkeit nicht mehr länger fortzusetzen war. Der Reichspräsident aber verweigerte sich erneut Hitlers Forderung, ihm das Kanzleramt zu überlassen und sein parlamentarisches Überleben mit Hilfe des Notverordnungsrechts sicherzustellen. Die durch von Hindenburg statt dessen geforderte parlamentarische Mehrheit konnte Hitler mit seiner Alles-oder-Nichts-Politik nicht beibringen. Pläne von Papens, den Reichstag auf Dauer auszuschalten und den militärischen Ausnahmezustand zu verhängen, wurden durch von Schleicher im Ansatz verhindert: Der Reichswehrminister legte dar, daß die Reichswehr in einem offenen Bürgerkrieg gegen den Terror von rechts und links nicht bestehen könne. Damit schienen zunächst alle Handlungsalternativen verbraucht zu sein. Angesichts dieser Situation versuchte von Schleicher, seit Jahren der große Intrigant im Hintergrund, eine letzte Karte auszuspielen: Am 2. Dezember 1932 übernahm er selbst das Kanzleramt.

Die Politik des Kanzlers von Schleicher bestand in dem Versuch, außerhalb des Parlaments eine »Querfront« von den Gewerkschaften bis zum Straßer-Flügel der NSDAP zustande zu bringen und damit die NS-Bewegung de facto zu spalten. In seinen öffentlichen Erklärungen gab er sich konziliant und als »sozialer General«; er kündigte umfassende Arbeitsbeschaffungsmaßnahmen an.

Anfang Dezember 1932 bot er Straßer die Vizekanzlerschaft und das Amt des preußischen Ministerpräsidenten an. Als der jedoch in loyaler Weise seinem Parteiführer diesen Vorschlag vortrug, lehnte Hitler ab. Straßer verzichtete auf einen Alleingang und zog sich von seinen Ämtern in der NSDAP zurück. Die nun ausbrechende schwere Führungskrise verstärkte die Unsicherheit innerhalb der Partei.

Die Affäre um Straßer bestärkte Hitler in seiner Absicht, das Experiment mit von Schleicher nun schleunigst zu beenden. Zu einem ersten direkten Zusammentreffen zwischen Hitler und von Papen kam es am 4. Januar 1933 im Haus des Kölner Bankiers Kurt von Schröder. Bei dieser Intrige hinter dem Rücken von Schleichers gab von Papen gegenüber Hitler den – auch von ihm selbst kräftig geförderten – Vertrauensverlust des Kanzlers beim Reichspräsidenten zu erkennen.

Die Landtagswahlen am 15. Januar 1933 im Zwergstaat Lippe, auf die sich nun der NS-Propagandaapparat konzentrierte, brachten mit knapp 40 Prozent der abgegebenen Stimmen für die NSDAP im Vergleich zu den Novemberwahlen eine leichte Verbesserung der Position, was von der Parteipropaganda sogleich als triumphaler Erfolg herausgestellt wurde; dabei verschwieg man allerdings, daß das Ergebnis hinter dem Resultat vom Juli 1932 zurückblieb.

Doch selbst wenn dieser Erfolg zweifelhaft war, er trug dazu bei, die Verhandlungsposition Hitlers zu stärken. Es folgten weitere Gespräche mit von Papen im Hause des Sekthändlers und außenpolitischen Beraters der NSDAP, Joachim von Ribbentrop. In diesen Besprechungen verlangte von Papen, die NSDAP solle sich an seiner Regierung durch die Übernahme einiger Ministerien beteiligen; Hitler dagegen forderte die Kanzlerschaft. Schließlich willigte von Papen in eine Kanzlerschaft Hitlers ein, nachdem er zu der Überzeugung gekommen war, man könne Hitler durch eine maßgebliche Beteiligung bürgerlicher Minister einrahmen.

Währenddessen setzte sich der Vertrauensverlust von Schleichers beim Reichspräsidenten rapide fort. Eine wichtige Station war der öffentliche Bruch, den der Reichslandbund, eine dem Gutsbesitzer von Hindenburg eigentlich nahestehende Organisation, Mitte Januar 1933 mit der Regierung Schleicher vollzog.

Der Kanzler versuchte nun, nachdem sein Querfrontkonzept zunächst nicht umgesetzt werden konnte, von Hindenburg davon zu überzeugen, er möge den Reichstag über die verfassungsmäßig vorgeschriebene Frist hinaus verlängern. Er mußte jedoch feststellen, daß von Hindenburg zu diesem Schritt nicht mehr bereit war. Der Reichspräsident weigerte sich aber auch, die ihm durch von Papen empfohlene Kanzlerschaft Hitlers, dem er zutiefst mißtraute, zu akzeptieren. Ein Meinungsumschwung trat erst dann ein, als von Papen ihm – unter Wiederaufnahme des Harzburger Bündnisses – eine »Nationale Front« präsentieren konnte, in der die Nationalsozialisten durch den Stahlhelm und die DNVP gezähmt zu sein schienen. Als von Hindenburg sich nun auch der Bitte von Schleichers, er möge den Reichstag auflösen und Neuwahlen innerhalb der gesetzlich vorgeschriebenen Frist anberaumen, verweigerte, tat von Schleicher das, was von ihm erwartet wurde. Er gab durch seinen Rücktritt am 28. Januar 1933 den Weg für die Kanzlerschaft Hitlers frei.

Die Schilderung der Einzelheiten dieses Intrigenspiels macht deutlich, wie weit sich der politische Entscheidungsprozeß verselbständigt und von demokratisch gewählten Gremien abgekoppelt hatte. Innerhalb dieses eng begrenzten, erzkonservativen Zirkels um von Hindenburg war man nun zu der Auffassung gekommen, wirklich alle Alternativen erprobt zu haben, bevor man sich zu einer Kanzlerschaft Hitlers durchrang. Diese Entscheidung sollte sich jedoch als äußerst folgenschwerer Irrtum erweisen.

V. Die Durchsetzung des national-sozialistischen Machtanspruchs (Januar bis Juli 1933)

Nachdem der Reichspräsident am 1. Februar 1933 den Reichstag aufgelöst und Neuwahlen verfügt hatte, begannen die Nationalsozialisten, sich auf ihren letzten Wahlkampf vorzubereiten. Die Kampagne, eingeleitet mit einer über den Rundfunk verbreiteten Regierungserklärung Hitlers, wurde unter das Motto »Angriff gegen den Marxismus« gestellt, wobei sich der Reichskanzler ganz in der Pose eines gemäßigten konservativen Staatsmannes darstellte, der christliche Wertvorstellungen verkörperte.

1. Der Ausbau der Machtbasis der Regierung Hitler

Im Gegensatz zu seinem maßvoll gehaltenen Regierungsprogramm forderte Hitler im Wahlkampf das »rücksichtslose« Vorgehen gegen den politischen Gegner. Während die NSDAP ein letztes Mal ihren Propaganda- und Terrorapparat mobilisierte, sah sich die politische Linke durch staatliche Maßnahmen massiv behindert. Am 4. Februar 1933 unterzeichnete von Hindenburg die *Verordnung zum Schutze des deutschen Volkes*, die bei Gefahr für die »öffentliche Sicherheit« Zeitungs- und Versammlungsverbote erlaubte. In den kommenden Wochen legte die Regierung diese Notverordnung so extensiv aus, daß die Kommunisten bald keine Veranstaltungen unter freiem Himmel mehr abhalten konnten und ihre Presse fast durchgehend ausgeschaltet war. Die Parteizentrale der KPD, das Karl-Liebknecht-Haus in Berlin, wurde am 23. Februar von der Polizei durchsucht und geschlossen. Verbote während des Wahlkampfes behinderten auch die Arbeit der sozialdemokratischen Presse.

Vor allem sollte den Nationalsozialisten zugute kommen, daß Göring als Kommissar im preußischen Innenministerium seine Machtmittel konsequent nutzte. Die von den Nationalsozialisten im Juli 1932 eingeforderte Gleichschaltung der preußischen Regierung durch von Papen, die bis dahin ein demokratisches Gegengewicht gegen die Präsidialdiktatur gebildet hatte, sollte sich für die NSDAP nun auszahlen.

Am 6. Februar 1933 unterzeichnete von Hindenburg eine Notverordnung zur »Herstellung geordneter Regierungsverhältnisse in Preußen«, die den Reichskommissar für Preußen, also von Papen, ermächtigte, die Rechte des preußischen Ministerpräsidenten in vollem Umfang wahrzunehmen; von Papen konnte nun die in der preußischen Verfassung vorgesehenen Schritte zur Auflösung des preußischen Parlaments vornehmen, in dem die NSDAP und ihre Verbündeten noch keine Mehrheit besaßen. Die Neuwahlen zum preußischen Landtag wurden ebenfalls für den 5. März angesetzt.

Am 17. Februar erging an alle preußischen Polizeibehörden ein Erlaß Görings, in dem er seine Erwartung äußerte, die Polizei werde sich »dem Treiben staatsfeindlicher Organisationen« mit den »schärfsten Mitteln« entgegenstellen. Es sei, falls nötig, »rückhaltlos von der Schußwaffe Gebrauch« zu machen; Polizisten, die zu diesem Zweck ihre Waffen einsetzten, würden »ohne Rücksicht auf die Folgen des Schußwaffengebrauchs von mir gedeckt.«

Am 22. Februar verfügte Göring den Einsatz von rund 50.000 Hilfspolizisten, die sich aus SA, SS und Stahlhelm rekrutierten. Die Bürgerkriegstruppe der Nationalsozialisten wurde so durch Überstreifen einer Armbinde zur staatlichen Ordnungsmacht. Rücksichtslos setzte Göring ferner republikanisch gesinnte Spitzenbeamte und Polizeipräsidenten in Preußen ab und ersetzte sie durch vorwiegend konservative Parteigänger der neuen Regierung.

Eventuelle Besorgnisse der Reichswehr über die neue Regierung wurden durch eine Ansprache ausgeräumt, die Hitler im Kreise der Generalität am 3. Februar hielt. Hitler garantierte, die Armee solle nicht in die innenpolitischen Auseinandersetzungen einbezogen und nicht mit der SA vermengt werden. Daß er bei dieser Gelegenheit als künftige Aufgabe des Heeres die »Eroberung neuen Lebensraumes im Osten und dessen rücksichtslose Germanisierung« nannte, erschien zu diesem Zeitpunkt als eine in ferner Zukunft liegende Utopie. Mit einem Empfang für führende Industrielle am 20. Februar verfolgte Hitler die Absicht, »die Wirtschaft« über »möglicherweise vorhandene« Besorgnisse hinsichtlich radikaler sozialer Vorstellungen der Partei zu beruhigen. Daraufhin waren auch die Industriellen in vollem Umfang bereit, die leeren Wahlkampfkassen der NSDAP mit großzügigen Spenden zu füllen.

So von allen Seiten unterstützt, konnten die Nationalsozialisten ihren ganz auf die Person Hitlers abgestellten Wahlkampf führen. Goebbels nutzte die Möglichkeiten des Mediums Rundfunk und kommentierte dort persönlich die Rednerauftritte Hitlers. Da die Polizei sich bei nationalsozialistischen Übergriffen jetzt meist vollkommen passiv verhielt, gelang es der SA, den Wahlkampf der konkurrierenden Parteien fast vollkommen lahmzulegen. Führende Politiker der Linksparteien, aber auch des Zentrums wurden bei öffentlichen Auftritten wiederholt tätlich angegriffen und teilweise lebensgefährlich verletzt. So mußte der frühere Polizeipräsident von Berlin, der Sozialdemokrat Albert Grzesinski, bereits am 24. Februar die Parteiorganisation bitten, seine Wahlkampfauftritte abzusagen, da er befürchtete, daß sie – wie seine letzten Veranstaltungen – mit brutaler Gewalt gesprengt werden würden.

Der *Brand des Reichstags* in der Nacht vom 27. auf den 28. März 1933 lieferte den willkommenen Vorwand für

Reichstagsbrand

Noch während des Reichstagsbrandes in der Nacht vom 27. auf den 28. März, durch den der Plenarsaal vernichtet wurde, nahm die Polizei im Parlamentsgebäude den niederländischen Maurergesellen und kommunistischen Sympathisanten Marinus van der Lubbe fest. Dieser gab an, den Reichstag alleine angezündet zu haben, um ein Fanal gegen die NS-Diktatur zu setzen. Andererseits erschien der Verdacht naheliegend, die Nationalsozialisten selbst hätten den Brand gelegt, da sie ihn sofort ausnutzten, um einen Schlag gegen die Kommunisten zu führen. Die Tatsache, daß ein unterirdischer Gang vom Palais des als Reichstagspräsidenten amtierenden Göring direkt zum Parlament führte, nährte diese Vermutung, die sogleich von der linken Opposition verbreitet und im In- und Ausland als durchaus glaubwürdig angesehen wurde.

Während des von September bis Dezember 1933 vor dem Leipziger Reichsgericht geführten Reichstagsbrandprozesses blieb van der Lubbe bei seiner Alleintäterversion, während es der Anklage nicht gelang, die als Hintermänner beschuldigten führenden vier kommunistischen Funktionäre (Torgler, Dimitrow, Popoff und Taneff) der Täterschaft zu überführen. Im Gegenteil, das massiv-plumpe Auftreten Görings und die geschickte Verteidigung namentlich Dimitrows verstärkten den Verdacht der nationalsozialistischen Inszenierung. Die Kommunisten wurden freigesprochen, van der Lubbe aufgrund eines eigens erlassenen Sondergesetzes zum Tode verurteilt.

Unter den Historikern hat der Reichstagsbrand nach dem Zweiten Weltkrieg zu einer tiefgreifenden Kontroverse geführt. Obwohl die Frage nach der Urheberschaft des Brandes nicht zweifelsfrei geklärt werden konnte, sprechen die Argumente eher für die Verfechter der Alleintäterthese als für diejenigen, die eine Brandstiftung durch die Nationalsozialisten vertreten.

Bei dieser Kontroverse geht es aber letztlich um die Frage der Beurteilung der nationalsozialistischen Taktik: Erzielten die Nationalsozialisten ihre Erfolge, weil sie so unvorhergesehene Situationen schnell ausnutzten (indem sie wie im Falle des Reichstagsbrandes sofort die Kommunisten für verantwortlich erklärten), oder führten sie solche Situationen durch planmäßiges Handeln selbst herbei?

eine entscheidende Erweiterung der Machtbasis der neuen Regierung: Die Nationalsozialisten stellten den Brandanschlag als Signal zu einem kommunistischen Aufstandsversuch dar. Noch in der Nacht befahl der an den Tatort geeilte Göring die Verhaftung der Abgeordneten und führenden Funktionäre der KPD, die Schließung der kommunistischen Parteibüros und das Verbot der gesamten KP-Presse; außerdem verbot er für 14 Tage das Erscheinen der sozialdemokratischen Zeitungen.

Auch Hitler erkannte sofort, wie er auf der Kabinettssitzung vom 28. Februar äußerte, daß der »psychologisch richtige Moment« für die entscheidende Auseinandersetzung mit der KPD gekommen sei, und schlug den Erlaß einer Verordnung »zum Schutze der Gesellschaft gegen die kommunistische Gefahr« vor. Am gleichen Tage unterzeichnete der Reichspräsident die von Reichsinnenminister Frick ausgearbeitete *Verordnung zum Schutz von Volk und Staat*, bekannt auch als *Reichstagsbrandverordnung,* mit der wesentliche Grundrechte der Weimarer Verfassung außer Kraft gesetzt wurden. Auf dem Höhepunkt des Wahlkampfes verfügte die Regierung nun über

Reichstagsbrandverordnung

Die »Verordnung zum Schutz von Volk und Staat« des Reichspräsidenten vom 28. Februar 1933, kurz Reichstagsbrandverordnung genannt, ermöglichte es »zur Abwehr kommunistischer staatsgefährdender Gewaltakte« folgende Grundrechte der Verfassung außer Kraft zu setzen:

– die persönliche Freiheit
– das Recht der freien Meinungsäußerung
– die Pressefreiheit
– die Vereins- und Versammlungsfreiheit
– das Brief-, Post-, Telegraphen- und Fernsprechgeheimnis

Ferner erlaubte die Verordnung Hausdurchsuchungen und Beschlagnahmungen bzw. Beschränkungen von Eigentum auch außerhalb der gesetzlichen Grenzen. Damit setzte die Verordnung die wesentlichen politischen Grundrechte der Weimarer Verfassung außer Kraft. Da die Reichstagsbrandverordnung bis zum Ende des Dritten Reiches gültig blieb, herrschte in Deutschland von 1933 bis 1945 praktisch ein permanentes Ausnahmerecht. Die Reichstagsbrandverordnung bot auch die Rechtsgrundlage für die kurze Zeit später folgende *Gleichschaltung* der Länder: Sollte eine Landesregierung nicht in der Lage sein, die »zur Wiederherstellung der öffentlichen Sicherheit und Ordnung nötigen Maßnahmen« zu treffen, so war die Reichsregierung ermächtigt, »insoweit die Befugnisse der obersten Landesbehörden vorübergehend wahrzunehmen«. Die Verordnung enthielt außerdem erhebliche Strafandrohungen, die für eine Reihe von Fällen, darunter Hochverrat und Brandstiftung, auch die Todesstrafe vorsahen.

ein kaum noch begrenztes Machtinstrumentarium. Der Apparat der KPD war Anfang März fast vollkommen zerschlagen, ein großer Teil ihrer führenden Funktionäre befand sich in Haft. Auch die Untergrundarbeit der Partei brach fast vollständig zusammen und konnte erst in den folgenden Monaten allmählich wieder aufgebaut werden.

Bei den Wahlen zum Reichstag am 5. März 1933 kam es vielerorts bereits zu Behinderungen und Verfälschungen. Trotzdem erreichten die Nationalsozialisten nur 43,9 Prozent der Stimmen, während die SPD 18,3 und die KPD 12,3 Prozent erzielten. Allerdings besaß die Regierungskoalition durch die acht Prozent der DNVP die parlamentarische Mehrheit. Zentrum und BVP (Bayerische Volkspartei) erlitten Verluste, konnten sich aber einigermaßen behaupten. Die Zahl der in den Wahlen errungenen Mandate sollte jedoch bald keine Rolle mehr spielen.

2. Die Gleichschaltung von Staat und Gesellschaft

Die Wahlen vom 5. März beendeten die erste Phase der nationalsozialistischen Machtübernahme. Hitler hatte alle Möglichkeiten genutzt, um unter extremer Ausnutzung des Notverordnungsrechts seine Machtbasis zu erweitern.

Nun begann die zweite Phase der nationalsozialistischen Machtergreifung, die durch restlose Ausschaltung aller Gegner und Gleichschaltung der übrigen politischen und gesellschaftlichen Institutionen gekennzeichnet war. Dabei kam es zu einem bemerkenswerten Zusammenspiel von staatsstreichähnlichen, pseudolegalen Maßnahmen der Regierung und scheinrevolutionären Aktionen der NS-Basis. Wenn Hitler in der Kabinettssitzung vom 7. März von einer im Gange befindlichen nationalsozialistischen Revolution sprach, dann meinte er die nun einsetzende, mit terroristischen Mitteln sowie mit verfassungsrechtlichen Tricks betriebene schrittweise Machtausdehnung der Regierung bis hin zur voll ausgebildeten

Diktatur. Deutlich läßt sich nachzeichnen, wie die Nationalsozialisten in der ersten Hälfte des Jahres 1933 ihre Energie auf eine politische und gesellschaftliche Gruppierung nach der anderen bündelten und sie entweder eliminierten oder gleichschalteten. Dieser Prozeß begann bei den Kommunisten, setzte sich über das sozialdemokratische Milieu fort, ergriff schließlich das bürgerlich-mittelständische Lager sowie staatliche Einrichtungen und machte zuletzt auch vor den eigenen Bundesgenossen der Nationalsozialisten, den Deutschnationalen, nicht halt.

Nach den Wahlen vom 5. März war der nächste Schritt in diesem Prozeß der Durchsetzung des totalen nationalsozialistischen Machtanspruchs die Gleichschaltung der Länder und Gemeinden. Den entscheidenden Hebel für die Gleichschaltung der Länder bot die Bestimmung in der Reichstagsbrandverordnung, die das Eingreifen der Reichsregierung vorsah, falls die Landesregierungen nicht mehr in der Lage seien, die öffentliche Ordnung aufrechtzuerhalten. Die NS-Taktik bestand nun darin, solche angeblich nicht mehr beherrschbaren Unruhen mit Hilfe ihrer Anhängerschaft selbst auszulösen.

Dieses Schema kam zum erstenmal in Hamburg zur Anwendung. Als die nationalsozialistische Forderung nach Übergabe des Postens des Polizeipräsidenten nicht erfüllt wurde, besetzten SA-Trupps das Rathaus und Einrichtungen der Polizei. Mit der Begründung, der Senat könne die öffentliche Sicherheit nicht mehr garantieren, ernannte Reichsinnenminister Frick einen SA-Führer zum kommissarischen Chef der Hamburger Polizei. Drei Tage später trat der Senat zurück, eine Koalition aus Nationalsozialisten und Rechtskonservativen übernahm die Führung in der Hansestadt.

Ganz ähnlich war der Ablauf der Ereignisse in vielen anderen Ländern: Auf den Druck der Straße reagierte die Reichsregierung mit der Einsetzung von Reichskommissaren, am 6. März in den Hansestädten Bremen und Lübeck, am 7. März in Hessen, am 8. März in Sachsen, Baden und Württemberg. Als letztes Land widersetzte sich Bayern, die christlich-konservative Bastion im Süden, dem nationalsozialistischen Zugriff; hier mußte der Druck etwas höher dosiert werden. Am 9. März kam es in der Münchner Innenstadt zu Demonstrationen und Aufmärschen von Nationalsozialisten. Nachdem eine Delegation unter Führung des Stabschefs der SA Ernst Röhm den von der BVP gestellten Ministerpräsidenten Heinrich Held erfolglos aufgefordert hatte, die Regierungsgeschäfte zu übergeben, nahmen die Unruhen in der Stadt bedrohliche Ausmaße an. Am Nachmittag reagierte der Reichsinnenminister programmgemäß mit der Einsetzung eines alten Nationalsozialisten, des Generals Franz Ritter von Epp, als Reichskommissar in Bayern. Wenige Tage später wich Ministerpräsident Held dem Druck, am 16. März übernahm von Epp seine Befugnisse.

Als besonders folgenschwer sollte sich die nach der Gleichschaltung Bayerns vorgenommene Einsetzung des Führers der SS, Heinrich Himmler, zum politischen Polizeikommandeur in Bayern erweisen. Himmler und sein Adlatus Reinhard Heydrich setzten in den kommenden Monaten alles daran, von der Politischen Abteilung des Münchner Polizeipräsidiums aus die politische Polizei der einzelnen Länder gleichzuschalten. Hier entstand die Keimzelle des späteren SS-Staates.

Ähnlich wie in den Ländern spielte sich die Machtergreifung ebenfalls in vielen Städten und Gemeinden ab. Folgendes Schema ist deutlich erkennbar: Zunächst marschierten die Nationalsozialisten vor das Rathaus und forderten das Aufziehen der Hakenkreuzfahne. Weigerten sich die Kommunalbehörden, so setzten die NS-Anhänger ihren Willen mit brachialer Gewalt durch; nicht selten wurden die Bürgermeister körperlich mißhandelt und durch direkte Gewalt zum Rücktritt gezwungen.

Das Ende einer eigenständigen politischen Rolle der Länder besiegelten am 31. März und 7. April zwei Gesetze zur *Gleichschaltung der Länder mit dem Reich.* Danach sollte die Zusammensetzung der Länderparlamente in Zukunft der des Reichstags entsprechen, wobei allerdings die kommunistischen Mandate – auch in allen Kommunen – einkassiert wurden. Die Landesregierungen durften Landesgesetze künftig auch ohne Zustimmung der Parlamente erlassen. Schließlich traten an die Spitze der Länder Reichsstatthalter, die in einer Doppelrolle Repräsentanten der Ländersouveränität und verlängerter Arm der Zentralgewalt sein sollten. Die insgesamt zehn Reichsstatthalter waren fast ausschließlich Gauleiter der NSDAP. In Preußen übernahm Hitler selbst die Befugnisse des Reichsstatthalters und machte damit die Kompetenzen von Papens als Reichskommissar für Preußen bedeutungslos.

Neben der Gleichschaltung der Länder und Gemeinden begannen die Nationalsozialisten im Monat März damit, ihre Angriffe auf die SPD und die Gewerkschaften zu konzentrieren. Zahlreiche Büros und Zeitungsverlage wurden besetzt und verwüstet. Die Gewerkschaften versuchten, sich aus ihrer engen politischen Bindung an die SPD zu lösen, und hofften, als unpolitische Vertreter der Arbeitnehmerinteressen im Dritten Reich überleben zu können.

Der nächste Schritt auf dem Weg zur NS-Diktatur war die Konzentration aller Macht auf die Regierung; das Parlament sollte dauerhaft ausgeschaltet, die Abhängigkeit vom Reichspräsidenten beseitigt werden.

Die Eröffnung des Reichstags am 21. März 1933 zeigte das wahre Gesicht der NS-Machtübernahme: Berufung auf traditionelle Werte und Bindungen auf der einen, einschüchternde Gewalt und Sprengung des bisher gültigen verfassungsmäßigen Rahmens auf der anderen Seite. Am Vormittag wurde in der Garnisonskirche von Potsdam ein pompöser Festakt begangen, der der Öffentlichkeit die Versöhnung von Preußentum und NS-Bewegung vorführen sollte. Das Nebeneinander von Braunhemden und preußischen Uniformen in der Garnisonskirche, der gemeinsame Vorbeimarsch von Reichswehr und SA und vor allem der demonstrative Händedruck zwischen dem in seiner preußischen Generalfeldmarschallsuniform erschienenen von Hindenburg und dem sich im Cut einmal zivil gebenden Hitler sollten diese neue harmonische Einheit symbolisieren.

Am Nachmittag fand dann im Reichstag die entscheidende Reichstagssitzung statt, in der das von der Regierung vorgelegte *Ermächtigungsgesetz* beraten und verabschiedet wurde.

Bereits die Kulisse dieser Veranstaltung war auf Einschüchterung jedweder Opposition angelegt: Das Tagungsgebäude – anstelle des ausgebrannten Reichstags wich man in die Krolloper aus – umstellte die SA, die eine bedrohliche Haltung einnahm. Den Sitzungssaal be-

---

Ermächtigungsgesetz

Das »Gesetz zur Behebung der Not von Volk und Reich« vom 23. März 1933 ermächtigte die Reichsregierung, Reichsgesetze auch unter Ausschaltung des Parlaments zu erlassen. Sie mußten nicht vom Reichspräsidenten, sondern konnten vom Reichskanzler ausgefertigt werden. Die Gesetze durften ausdrücklich auch von der bestehenden Verfassung abweichen. Verträge des Reichs mit anderen Staaten benötigten ebenfalls nicht mehr die Ratifizierung durch das Parlament. Das Gesetz war zunächst auf vier Jahre befristet und wurde zweimal, 1937 und 1939, verlängert; 1943 erklärte es ein Führererlaß auf unbestimmte Zeit für gültig.

herrschten die Braunhemden der 288 NS-Parlamentarier und eine riesige Hakenkreuzfahne an der Stirnseite des Saales. Weil die 81 kommunistischen Abgeordneten – ein Verbot der Partei gab es ja noch nicht – an der Ausübung ihrer Mandate gehindert wurden, wurde das für die Zweidrittelmehrheit notwendige Quorum von 432 auf 378 gesenkt; dies war ein klarer Verfassungsbruch. Da die Nationalsozialisten und ihre Verbündeten, die sich nun *Kampffront Schwarz-Weiß-Rot* nennende DNVP, zusammen nur über 343 Mandate verfügten, benötigten sie noch einige Stimmen aus dem bürgerlichen Lager. Zu diesem Zweck sicherte sich Hitler die Zustimmung des Zentrums, indem er mündlich bestimmte verfassungs- und kirchenpolitische Zusicherungen machte; die versprochene schriftliche Bestätigung sollte allerdings ausbleiben. Auch die kleineren Parteien der Mitte entschlossen sich nach langen Beratungen endlich, der Vorlage zuzustimmen. Nur die 94 anwesenden sozialdemokratischen Abgeordneten lehnten das Ermächtigungsgesetz ab, nachdem der Parteivorsitzende Wels in einer mutigen Rede das Nein begründet hatte.

Bereits im März 1933 häuften sich die Anschläge von Anhängern der Nationalsozialisten gegen Juden. Bei einer Razzia im Berliner Scheunenviertel, in dem viele aus Osteuropa stammende Juden lebten, kam es zu zahlreichen Festnahmen. Übergriffe auf jüdische Geschäfte und »Hausdurchsuchungen« in Wohnungen von Juden nahmen zu; in verschiedenen Orten drangen SA-Trupps in Gerichtsgebäude ein und hinderten jüdische Rechtsanwälte und Richter an der Ausübung ihrer Tätigkeit. Der Aufmarsch der SA vor Berliner Gerichten führte dazu, daß der preußische Justizminister die Justizbehörden anwies, jüdischen Anwälten das Betreten von Justizgebäuden zu verweigern. Erneut hatten hier behördliche Verfügungen und »spontaner Volkszorn« effektiv zusammengespielt. Die NS-Führung entschloß sich nun, die

Judenboykott

Am 28. März 1933 wurde, offensichtlich auf Initiative von Goebbels, auf einer Zusammenkunft der NS-Führungsspitze beschlossen, ein *Zentralkomitee zur Abwehr der jüdischen Boykott- und Greuelhetze* einzusetzen, dessen Leitung Julius Streicher, der als berüchtigter Antisemit bekannte Gauleiter von Franken, übernahm. Der Boykott wurde als Reaktion auf die angebliche »Greuelpropaganda« des »Weltjudentums« und den drohenden Boykott deutscher Waren im Ausland dargestellt. Tatsächlich war der NS-Terror in den ersten Wochen nach dem Regierungsantritt Hitlers im Ausland aufmerksam verfolgt worden und hatte weltweit öffentliche Proteste ausgelöst. Ein Boykott deutscher Waren war am 19. März von der amerikanischen Organisation jüdischer Kriegsteilnehmer gefordert worden. Solche Stimmen blieben aber in der Minderheit; die Mehrzahl der jüdischen Organisationen verhielt sich zunächst zurückhaltend, fürchtete man doch, den deutschen Juden zu schaden. Am Samstag, dem 1. April, um 10 Uhr setzte der Boykott im gesamten Reichsgebiet ein. Das Muster war überall gleich: Vor den jüdischen Geschäften patrouillierten uniformierte, manchmal bewaffnete Nationalsozialisten, die Kunden am Eintreten hinderten. Plakate mit der Aufschrift »Deutsche! Wehrt Euch! Kauft nicht bei Juden!« wurden auf die Schaufenster jüdischer Geschäfte geklebt. Neben Einzelhandelsgeschäften waren insbesondere die freien Berufe Ziel der Angriffe. Wachtposten standen vor den Praxen jüdischer Anwälte und Ärzte. Während der Boykott in den Hauptstraßen der Großstädte im allgemeinen diszipliniert verlief, kam es in abgelegeneren Straßen und kleineren Orten zu Plünderungen und gewalttätigen Übergriffen. Der Boykott verstärkte im Ausland die Befürchtungen über die Politik des neuen Regimes. Erst jetzt kam es zu ernsthaften Anstrengungen, einen wirksamen Boykott deutscher Waren zu organisieren. Auch in Deutschland erregte die Boykotterklärung in Wirtschaftskreisen angesichts von Arbeitslosigkeit und Depression Befürchtungen über mögliche schädliche Konsequenzen. Deshalb erklärte Goebbels bereits am Abend des 31. März, der ursprünglich für eine unbegrenzte Zeit angesetzte Boykott werde nach einem Tag beendet.

Welle der »wilden« Proteste durch einen organisierten Akt zu bündeln: Für den 1. April 1933 wurde ein *Judenboykott* angesetzt. Damit sollten die Ausschreitungen unter Kontrolle gebracht werden, aber gleichzeitig gab man zu erkennen, daß die wirtschaftliche Diskriminierung der Juden Ziel der staatlichen Politik war.

Angesichts der durch die Regierung geförderten antisemitischen Welle erhob man jetzt wieder verstärkt die alte Programmforderung der NSDAP, Juden aus dem öffentlichen Dienst zu entfernen. Das *Gesetz zur Wiederherstellung des Berufsbeamtentums* vom 7. April erfüllte diese Forderung; wenige Tage später erließ die Regierung ein Berufsverbot für jüdische Rechtsanwälte und untersagte jüdischen Ärzten jede Tätigkeit für Krankenkassen; das *Gesetz gegen die Überfüllung deutscher Schulen und Hochschulen* vom 25. April 1933 legte eine Höchstquote für jüdische Schüler und Studenten fest.

Mit dem Berufsbeamtengesetz vom 7. April war auch eine Handhabe zur willkürlichen Entfernung aller politisch mißliebigen Beamten vorgegeben; entlassen werden konnte, wer aufgrund seiner »bisherigen politischen Betätigung nicht die Gewähr dafür bietet… jederzeit rücksichtslos für den nationalen Staat« einzutreten. Neben der

Entlassung republikanisch gesinnter Beamter führte diese Bestimmung zu einer erheblichen Einschüchterung unter der Beamtenschaft und erleichterte maßgeblich die Gleichschaltung des Staatsapparats.

Nach dem Ermächtigungsgesetz wurde vor allem die Ausschaltung der Arbeiterbewegung fortgesetzt. Bei den Gewerkschaften muß man allerdings von einer teilweisen Selbstausschaltung sprechen; sie setzten ihre Anpassungspolitik gegenüber den Nationalsozialisten verstärkt fort. In der gewerkschaftlichen Presse dieser Wochen finden sich zahlreiche Erklärungen, die einer bedingungslosen Kapitulation gegenüber den Nationalsozialisten gleichkamen.

So begrüßten die Gewerkschaften ausdrücklich, daß die Nationalsozialisten den 1. Mai, den alten Kampftag der Arbeiterbewegung, zu einem gesetzlichen Feiertag, zum arbeitsfreien *Tag der nationalen Arbeit*, erklärten. Die mit großem propagandistischem Aufwand durchgeführten Feiern, die die neue nationalsozialistische *Volksgemeinschaft* symbolisieren sollten, waren jedoch in Wirklichkeit der Auftakt für die Eliminierung der Arbeitnehmerorganisationen: Nach dem Feiertag folgte am 2. Mai die schlagartige Besetzung aller gewerkschaftlichen Einrichtungen; zahlreiche Gewerkschaftsführer kamen in sog. *Schutzhaft*. Wenige Tage später wurden die Gewerkschaften in die neu gegründete *Deutsche Arbeitsfront* eingegliedert und ihr Vermögen beschlagnahmt.

Die Sozialdemokraten, deren Organisation trotz wochenlang fortgesetzter systematischer Schwächung noch einigermaßen intakt war, versuchten hingegen, sich zu behaupten. Erst allmählich setzte sich die Erkenntnis durch, daß der SPD die Basis für die Fortsetzung ihrer politischen Arbeit entzogen war. Anfang Mai beschloß der SPD-Vorstand, daß wichtige Mitglieder der Parteiführung ins Ausland gehen sollten. Am 10. Mai wurden das Vermögen der SPD und das ihrer Zeitungen eingezogen.

Die nationalsozialistische Machtübernahme hatte mit ihrem Vorgehen gegen die politischen Gegner und die jüdische Minderheit im Ausland Empörung und tiefes Mißtrauen ausgelöst. Eine fast vollkommene außenpolitische Isolation des neuen Regimes war die Folge. Die Nationalsozialisten reagierten auf diese Situation mit einer Politik der Beschwichtigung und Friedensbeteuerung. Als die in Genf tagende internationale Abrüstungskonferenz Deutschland die volle militärische Gleichberechtigung verweigerte, plante Hitler eine großangelegte Friedensrede im Reichstag. Um diese Veranstaltungen möglichst eindrucksvoll zu gestalten, wollte man eine gemeinsame Resolution verabschieden, die auch von den bürgerlichen und den – noch in Freiheit befindlichen – sozialdemokratischen Abgeordneten unterzeichnet werden sollte.

Nach heftigen internen Auseinandersetzungen und unter dem Druck einer kaum verhüllten Morddrohung des Reichsinnenministers Frick gegen die in den Konzentrationslagern einsitzenden Sozialdemokraten beschloß die noch handlungsfähige Hälfte der SPD-Fraktion, an dieser Sitzung teilzunehmen und der von der Regierung vorgelegten Erklärung zuzustimmen; man hoffte auch, auf diese Weise seine nationale Loyalität zu beweisen, um in irgendeiner Weise vom Regime geduldet zu werden. In den folgenden Wochen brach der Gegensatz zwischen den nach Prag ausgewichenen Vorstandsmitgliedern der SPD und den im Reich verbliebenen führenden Funktionären, zwischen den Vertretern des Widerstandes im Exil und den Befürwortern des Ausharrens im Innern, offen auf. Aber sehr bald zeigte sich, daß auch durch Wohlverhalten gegenüber dem neuen Regime nichts mehr zu retten war: Am 21. Juni erließ der Reichsinnenminister ein Betätigungsverbot für die SPD.

Am 14. Juli 1933 besiegelte die Regierung mit dem *Gesetz gegen die Neubildung von Parteien* den nationalsozialistischen Einparteienstaat, indem sie die NSDAP zur einzigen politischen Partei erklärte und die Gründung neuer oder die Aufrechterhaltung alter Parteien mit Freiheitsstrafen bedrohte. Die kleineren bürgerlichen Parteien und das Zentrum hatten sich bereits in den vorausgegangenen Tagen aufgelöst.

Eine weitere Welle von Gleichschaltungsmaßnahmen rollte dann im Frühjahr und Frühsommer 1933 über das Verbandswesen hinweg. Dem *Nationalsozialistischen Kampfbund für den gewerblichen Mittelstand* gelang es bis März 1933, Einzelhandelsverbände sowie die Verbände und Innungen des Handwerks weitgehend gleichzuschalten. Im Mai 1933 hatte er die Organisation des Deutschen Industrie- und Handelstages unter seine Kontrolle gebracht. Anfang April 1933 übernahm der Leiter des Agrarpolitischen Apparates der NSDAP, Richard Walter Darré, den Vorsitz der neu gebildeten *Reichsführergemeinschaft* der landwirtschaftlichen Verbände; Ende April fiel ihm die Führung der landwirtschaftlichen Genossenschaften zu; im Mai wurde er zum kommissarischen Vorsitzenden des Zusammenschlusses der Landwirtschaftskammern ernannt. Damit befand sich der gesamte Agrarbereich in der Hand der Nationalsozialisten. Durch die Vereinigung des *Reichsverbandes der Deutschen Industrie* mit der *Vereinigung der Deutschen Arbeitgeberverbände* zum *Reichsstand der Deutschen Industrie* im Juni 1933 und mit der Ersetzung von liberalen und jüdischen Verbandsfunktionären durch nationalsozialistische Parteigänger kam die Industrie den Gleichschaltungsforderungen der Nationalsozialisten entgegen. Mit der Einrichtung einer *Adolf-Hitler-Spende der deutschen Wirtschaft* wurde die Praxis unregelmäßiger Industriespenden durch einen kontinuierlich gespeisten Fonds ersetzt, der Hitler zu seiner persönlichen Verfügung stand.

Die nationalsozialistische Gleichschaltung erstreckte

sich aber nicht nur auf die wirtschaftlichen Interessenverbände, sondern erfaßte das gesamte Spektrum des Vereinswesens, vom Sportverband über den Gesangsverein bis hin zur Kleingärtnerkolonie. Ziel dieser Politik war es, jede Form von Organisation unter die Kontrolle der NS-Bewegung zu bekommen.

Die Nationalsozialisten unternahmen auch erhebliche Anstrengungen, um die öffentliche Meinung und alle Bereiche des Kulturlebens unter ihre Kontrolle zu bringen. Goebbels, der anfangs davon ausgegangen war, ein Kultusministerium mit umfassenden Vollmachten zu erhalten, mußte sich im März 1933 – zunächst enttäuscht – mit der Position eines *Reichsministers für Volksaufklärung und Propaganda* begnügen, nutzte aber schon bald alle Möglichkeiten dieses Ressorts.

Nach der Ausschaltung der kommunistischen und sozialdemokratischen Presse wurde zunehmender Druck auf die bürgerlichen Blätter ausgeübt, ihren Nachrichtenteil der offiziellen Informationspolitik anzupassen; in den folgenden Jahren baute man diese Maßnahmen zu einem perfektionierten System der Presselenkung aus. Eine wichtige Voraussetzung hierfür war die Gleichschaltung der Presseverbände: Der »Reichspressechef« der NSDAP, Otto Dietrich, ließ sich im April 1933 zum Vorsitzenden des *Reichsverbandes der Deutschen Presse* wählen, während Max Amann, der *Reichsleiter für die Presse* der NSDAP, im Juni den Verlegerverband übernahm.

Die von der Regierung von Papen im Sommer 1932 durchgesetzte volle Verstaatlichung des Weimarer Rundfunks und dessen gleichzeitige Öffnung für Regierungspropaganda und Wahlkampfwerbung der Parteien – darunter bezeichnenderweise auch die NSDAP, jedoch nicht die KPD – hatten für die Übernahme des Rundfunks durch die Nationalsozialisten günstige Voraussetzungen geschaffen. Im März 1933 erhielt das neue Propagandaministerium die Rundfunkkompetenzen des Reichsinnen- sowie des Reichspostministers. Eine Verordnung des Propagandaministeriums vom 28. Juni 1933 schrieb für jeden am Film Mitarbeitenden die deutsche Staatsangehörigkeit und *arische* Abstammung vor.

Eine »Säuberung« erfuhren auch die Universitäten, die bereits bis zum Beginn des Sommersemesters Anfang Mai zahlreiche jüdische und demokratisch gesinnte Gelehrte entlassen hatten. Unter dem Druck des preußischen Kultusministers schieden Heinrich und Thomas Mann, Alfred Döblin und Ricarda Huch aus der *Preußischen Akademie der Künste* aus, andere Autoren schloß man aus. Seit April richtete sich eine Kampagne gegen »undeutsche« Literatur, sie gipfelte am 10. Mai in öffentlichen *Bücherverbrennungen*.

Die letzte Welle der nationalsozialistischen Angriffe traf im Mai und Juni 1933 die rechtskonservativen Bündnispartner der NSDAP. So mußte die DNVP bei ihren

---

Bücherverbrennungen

Die Bücherverbrennungen vom 10. Mai inszenierte auf Veranlassung des Reichsministers für Volksaufklärung und Propaganda der NS-Studentenbund. In zahlreichen deutschen Universitätsstädten kam es zu einem makabren Ritual: Während ein Sprecher die Namen der unerwünschten Dichter ausrief, warf man ihre Bücher auf einen Scheiterhaufen, Fackelträger umsäumten die Szene. Verbrannt wurden an diesem Tag die Werke jüdischer, sozialistischer, pazifistischer, liberaler und humanistisch gesinnter Autoren; unter ihnen befanden sich Karl Marx, Erich Kästner, Sigmund Freud, Erich Maria Remarque, Alfred Kerr, Theodor Wolff, Kurt Tucholsky, Heinrich und Thomas Mann, Lion Feuchtwanger, Franz Werfel und Carl von Ossietzky.

Versammlungen nun ebenfalls Störungen hinnehmen, wobei es auch hier zu Gewalttätigkeiten kam. Der Stahlhelm sah keine andere Möglichkeit mehr, als sich am 21. Juni der SA zu unterstellen. Die *deutschnationalen Kampfstaffeln*, eine paramilitärische Organisation der Partei, wurden unter Berufung ausgerechnet auf die Reichstagsbrandverordnung (die zur Bekämpfung einer angeblich kommunistischen Gefahr erlassen worden war) verboten. Wirtschaftsminister Hugenberg wich starkem Druck und trat am 27. Juni zurück. Schließlich löste sich die DNVP, die im Mai erneut durch eine Umbenennung in *Deutschnationale Front* versucht hatte, sich dem neuen Stil anzupassen, auf; ihre Mandatsträger traten als Hospitanten in die NSDAP ein.

Während der Ausschaltungs- und Gleichschaltungsmaßnahmen in diesen Monaten waren schätzungsweise 100.000 Personen durch die Polizei in *vorbeugende Schutzhaft* genommen oder von SA und SS inhaftiert worden. Die Handhabe hierfür lieferte die Reichstagsbrandverordnung, die das Grundrecht auf Unverletzbarkeit der persönlichen Freiheit außer Kraft gesetzt hatte. Seit Mitte März 1933 war man dazu übergegangen, für die große Zahl von Verhafteten besondere *Konzentrationslager* einzurichten.

Den Vollzug der nationalsozialistischen Verfolgungsmaßnahmen übernahm die SA. Sie führte die von ihr erwartete Bekämpfung und Einschüchterung von politischen Gegnern als einen Rachefeldzug; über Jahre angestaute Frustrationen wurden aggressiv ausgelebt, private Racheakte oder persönliche Bereicherung fanden unter dem Deckmantel der Gegnerbekämpfung statt. In einer Reihe von Städten des Reiches errichtete die SA ein Schreckensregiment, das sich jeder Kontrolle entzog. In Chemnitz beispielsweise verzeichnete man im Juni 1933 neben einer großen Zahl von schwer Mißhandelten sieben von der SA Ermordete. Als die Polizei den Versuch mach-

Konzentrationslager

Konzentrationslager (KZ oder KL) wurden durch die Nationalsozialisten eingerichtet, um die tatsächlichen oder vermeintlichen Gegner unter Kontrolle zu bringen, ihre Widerstandskraft durch Mißhandlungen, Folter und Isolation zu brechen und durch die Drohung mit dem Lager ganz allgemein einen Einschüchterungseffekt auf die Bevölkerung zu erzielen. Die Inhaftierung stützte sich auf die in der Notverordnung vom 28. Februar 1933 verkündete Beschränkung der persönlichen Freiheit. Konzentrationslager entstanden zunächst in staatlicher Regie, meist auf Veranlassung der Polizei; daneben aber errichteten SA und SS in leerstehenden Lagern und Fabrikhallen eigene Konzentrationslager, nachdem sie ihre Opfer in den ersten Wochen in Sturmlokale und Keller verschleppt hatten. Auch in den staatlichen Lagern war anfangs meist die SA als Wachmannschaft eingesetzt. Die ersten Lager entstanden ab Mitte März 1933 bei Dachau und in Berlin-Oranienburg. Nach und nach wurden die Lager der SA und die sogenannten »wilden« Lager geschlossen; das gesamte System der staatlichen KZ – einschließlich der bei den Lagern kasernierten SS-Wachverbände – unterstand seit 1934 dem Inspekteur der Konzentrationslager.

te, in einer der Folterstätten Nachforschungen anzustellen, verhinderten SA-Leute dies mit Waffengewalt. Die schwersten Ausschreitungen ereigneten sich im Juni in einem Berliner Bezirk während der sogenannten *Köpenicker Blutwoche.*

Mit solchen Gewalttaten hatte der NS-Terror seinen Höhepunkt erreicht; er drohte nun, nachdem alle politischen Gegner niedergekämpft und Staat und Gesellschaft gleichgeschaltet waren, zum Selbstzweck zu werden. Die Regierung sah sich gezwungen, gegenzusteuern.

In einer Rede vor den Reichsstatthaltern am 6. Juli 1933 verkündete Hitler, Revolution sei »kein permanenter Zustand, sie darf sich nicht zu einem Dauerzustand ausbilden«. Man müsse den »frei gewordenen Strom der Revolution in das sichere Bett der Evolution hinüberleiten«. Wenige Tage später sandte Reichsinnenminister Frick ein Rundschreiben an die Länderbehörden, in dem er

---

Köpenicker Blutwoche

In der Nacht vom 21. auf den 22. Juni 1933, also unmittelbar nach der Eingliederung des Stahlhelm in die SA und vor dem Bekanntwerden des SPD-Verbots, begann in dem Berliner Bezirk Köpenick eine großangelegte Razzia der SA gegen linke und deutschnationale Gegner. Mehrere hundert Personen wurden in die Sturmlokale der SA verschleppt und dort auf grausamste Weise geschlagen und mißhandelt. Am Abend widersetzte sich eines der potentiellen Opfer, ein Jungsozialist, seiner Festnahme: Er schoß auf den in das Haus seiner Eltern eindringenden SA-Trupp und verletzte drei SA-Männer sowie einen Unbeteiligten tödlich. Dies brachte die in Köpenick eingesetzte SA zur Raserei. Während der ganzen Nacht setzte sie die Mißhandlungen und Folterungen fort; weitere Übergriffe erfolgten in den kommenden Tagen, so daß am Ende dieser Blutwoche mindestens 21 Todesopfer zu beklagen waren: Sozialdemokraten, darunter der ehemalige Ministerpräsident von Mecklenburg, Johannes Stelling, Gewerkschafter, Kommunisten und ein Jude. Es dürfte sich damit um das größte Verbrechen in der Machtergreifungsphase handeln.

mitteilte, die Arbeit der neuen Regierung sei »aufs schwerste gefährdet, wenn weiterhin noch von einer Fortsetzung der Revolution oder von einer zweiten Revolution geredet« werde. Wer dies noch befürworte, müsse sich darüber im klaren sein, »daß er sich damit gegen den Führer selbst auflehnt und dementsprechend behandelt wird«.

3. Die historische Bedeutung des 30. Januar 1933

Bis zum Sommer 1933 waren alle wesentlichen gesellschaftlichen und politischen Kräfte durch die Nationalsozialisten aus- oder gleichgeschaltet worden. Nun begann der Aufbau der nationalsozialistischen Diktatur. Nach der Beseitigung der renitenten SA-Spitze um Ernst Röhm am 30. Juni 1934 und der Übernahme sämtlicher Befugnisse des Reichspräsidentenamts nach dem Tod von Hindenburgs am 2. August 1934 durch Hitler sowie der Vereidigung der Reichswehr auf die Person des Führers noch am gleichen Tag kam auch diese Phase zum Abschluß. Der totalitäre NS-Staat hatte sich voll etabliert.

Die Ursachen, die am 30. Januar 1933 zur Ernennung Hitlers zum Reichskanzler führten, sind vielfältig und in sich komplex; der 30. Januar 1933 war weder ein Betriebsunfall, noch darf er aber als ein unabwendbarer Schicksalstag betrachtet werden. Vielmehr lassen sich die Fehlentwicklungen und Versäumnisse, die die Kanzlerschaft Hitlers ermöglichten, aus historischer Sicht hinreichend präzise nachzeichnen. Auch der konsequente Ausbau der zunächst nur relativ schwachen Position der NSDAP in der Koalitionsregierung zu einer alles dominierenden Kraft ist weder eine Kette von unglücklichen Zufällen noch eine unumkehrbare Entwicklung gewesen. Hier läßt sich durchaus auch die Mitverantwortung der verschiedenen politischen Gruppierungen im einzelnen nachweisen.

Auch wenn man heute feststellen kann, daß die Partner, Konkurrenten und Gegner des Nationalsozialismus in den Monaten vor und nach dem 30. Januar 1933 noch Handlungsspielräume gehabt hätten, um die Entwicklung in andere Bahnen zu lenken, so markiert dieser Tag doch den Beginn des NS-Staates und damit den Anfang einer historischen Epoche mit weitreichenden Folgen. Nicht nur in der deutschen Geschichte hat die NS-Ära bis heute tiefe Spuren hinterlassen; sie prägte als eine der zentralen Erfahrungen dieses Jahrhunderts die Geschichte fast aller europäischen Staaten. Das ist Grund genug, um sich auch 60 Jahre nach den historischen Ereignissen mit der Entstehungsgeschichte dieser Diktatur zu beschäftigen.

VI. Anhang

Zeittafel

1918

4.11.	Matrosenaufstand in Kiel: Beginn der revolutionären Bewegung
7./8.11.	Revolution in Bayern
9.11.	Abdankung des Kaisers; Übergabe des Kanzleramts durch Prinz Max von Baden an Friedrich Ebert, den Vorsitzenden der SPD
10.11.	Bildung des Rats der Volksbeauftragten aus Vertretern von SPD und USPD

1919

5.1.	Gründung der Deutschen Arbeiterpartei (DAP) in München
19.1.	Wahlen zur Nationalversammlung
6.2.	Zusammentritt der Nationalversammlung in Weimar
11.2.	Wahl Friedrich Eberts zum Reichspräsidenten
7.4.	Ausrufung einer Räterepublik in München
2.5.	Niederschlagung der Münchner Räterepublik durch Freikorps
28.6.	Unterzeichnung des Versailler Vertrags
14.8.	Inkrafttreten der Weimarer Reichsverfassung
12.9.	Teilnahme Adolf Hitlers an einer Sitzung der DAP; einige Tage später Eintritt Hitlers in die Partei

1920

10.1.	Inkrafttreten des Versailler Vertrags
24.2.	Die erste Großveranstaltung der, inzwischen umbenannten, Nationalsozialistischen Deutschen Arbeiterpartei (NSDAP); Verkündung des Parteiprogramms
13.–17.3.	Kapp-Putsch

1921

29.7.	Nach einer parteiinternen Krise Ernennung Hitlers auf einer Generalversammlung der NSDAP zum Ersten Vorsitzenden mit außerordentlichen Vollmachten
29./30.1.	Parteitag der NSDAP in München

1922

11.8.	Aufruf im Völkischen Beobachter zum Eintritt in die »Turn- und Sportabteilung« der NSDAP, die spätere SA

1923

11.1.	Einmarsch französischer und belgischer Truppen in das

Ruhrgebiet; Ausrufung des passiven Widerstands; Weigerung Hitlers, einer Einheitsfront gegen die Besetzung des Ruhrgebiets beizutreten; statt dessen Aufruf zum vorrangigen Kampf gegen die Reichsregierung

27./29.1. Reichsparteitag der NSDAP in München mit Massenaufzügen gegen den Widerstand der bayerischen Regierung

26.9. Abbruch des Ruhrkampfes durch die Regierung Stresemann; Ausrufung des Ausnahmezustands im Reich; Ausrufung des Ausnahmezustands in Bayern; Verschärfung des Konflikts mit dem Reich

Oktober Höhepunkt der Inflation; Plan rechtsgerichteter Kreise in Bayern für einen »Marsch auf Berlin« unter Beteiligung der Nationalsozialisten; militärisches Vorgehen der Reichsregierung gegen die sozialistischen Regierungen in Thüringen und Sachsen

8./9.11. Hitler-Ludendorff-Putsch in München

November Währungsumstellung: Ende der Inflation

1924

26.2.–1.4. Prozeß gegen die Putschisten in München; Verurteilung Hitlers zu fünf Jahren Haft

4.5. Reichstagswahlen; Gewinne der radikalen Parteien; 6,5 Prozent für die in zwei Gruppen zerfallene NS-Bewegung

29.8. Annahme des Dawes-Plans durch den Reichstag

7.12. Reichstagswahlen; Verluste der radikalen Parteien; Absinken der NSDAP auf 2,9 Prozent

20.12. Vorzeitige Entlassung Hitlers aus der Haft in Landsberg

1925

27.2. Neugründung der NSDAP in München

26.4. Wahl des Generalfeldmarschalls Paul von Hindenburg zum Reichspräsidenten

18.7. Veröffentlichung des ersten Bandes von Hitlers »Mein Kampf«

1926

14.2. Niederlage der für einen sozialradikalen, antikapitalistischen Kurs eintretenden innerparteilichen Gegner Hitlers auf der Führertagung der NSDAP in Bamberg

3./4.7. Reichsparteitag der NSDAP in Weimar

9.11. Ernennung von Goebbels zum Gauleiter von Berlin

1927

19.-21.8. Reichsparteitag der NSDAP in Nürnberg

1928

20.5. Reichstagswahlen; nur 2,6 Prozent für die NSDAP

1929

1.–4.8.   Reichsparteitag der NSDAP in Nürnberg
25.10.   Kurssturz an der New Yorker Börse (»Schwarzer Freitag«);
          Beginn der Weltwirtschaftskrise
22.12.   Scheitern des von der NSDAP mitgetragenen Volksent-
          scheids gegen den Young-Plan

1930

23.1.   Beteiligung der NSDAP an einer Landesregierung in Thü-
          ringen
27.3.   Sturz der Großen Koalition unter dem Sozialdemokraten
          Hermann Müller
28.3.   Erstes Kabinett Brüning
22.6.   Wahlen in Sachsen; 14,4 Prozent für die NSDAP
18.7.   Auflösung des Reichstags durch Brüning
14.9.   Reichstagswahlen; erster großer Wahlerfolg der NSDAP mit
          18,3 Prozent
25.9.   Aussage Hitlers vor dem Reichsgericht in Leipzig beim
          »Ulmer Reichswehrprozeß«
1.10.   Beteiligung der NSDAP an der Regierung in Braunschweig

1931

17.5.   Landtagswahlen in Oldenburg; Wahlerfolg der NSDAP mit
          37,2 Prozent
7.10.   Rücktritt des ersten Kabinetts Brüning
11.10.   Bildung der Harzburger Front
18.10.   Größter NSDAP-Aufmarsch in Braunschweig

1932

25.2.   Erwerb der deutschen Staatsangehörigkeit durch Hitler als
          Folge seiner Ernennung zum Regierungsrat bei der Braun-
          schweigischen Gesandtschaft in Berlin
10.4.   Niederlage Hitlers gegen von Hindenburg im zweiten Wahl-
          gang bei den Reichspräsidentenwahlen
13.4.   SA-Verbot
30.5.   Sturz Brünings
1.6.   Ernennung von Papens zum Reichskanzler
4.6.   Auflösung des Reichstags
16.6.   Aufhebung des SA-Verbots
20.7.   Absetzung der preußischen Regierung durch von Papen
31.7.   Reichstagswahlen; Wahlerfolg für die NSDAP mit 37,3
          Prozent
13.8.   Ergebnislose Verhandlungen mit von Hindenburg über eine
          Regierungsbeteiligung der NSDAP durch Hitlers kompro-
          mißlosen Anspruch auf die Kanzlerschaft
12.9.   Auflösung des Reichstags durch von Papen
6.11.   Reichstagswahlen; Rückgang der NSDAP auf 33,1 Prozent

17.11.	Rücktritt des Kabinetts von Papen
2.12.	Ernennung von Schleichers zum Reichskanzler
8.12.	Krise in der NSDAP: Verzicht von Gregor Straßer auf alle Parteiämter

1933

4.1.	Besprechung Hitlers mit von Papen im Hause des Kölner Bankiers Schröder
15.1.	Landtagswahlen in Lippe; 39,5 Prozent für die NSDAP
28.1.	Rücktritt des Kabinetts von Schleicher
30.1.	Ernennung Hitlers zum Reichskanzler
4.2.	Einschränkung des Handlungsspielraums der NS-Gegner durch die Notverordnung zum Schutz des Deutschen Volkes
17.2.	Schießerlaß Görings
27./28.2.	Reichstagsbrand
28.2.	Aufhebung wichtiger Grundrechte durch die »Notverordnung zum Schutz von Volk und Staat«
5.3.	Neuwahl des Reichstags; 43,2 Prozent für die NSDAP
8.–10.3.	Gleichschaltung der Länder
13.3.	Übernahme des neugeschaffenen »Reichsministeriums für Volksaufklärung und Propaganda« durch Goebbels
20.3.	Errichtung des KZ Dachau
21.3.	Tag von Potsdam
23.3.	Verabschiedung des Ermächtigungsgesetzes
31.3.	Gesetz zur Gleichschaltung der Länder mit dem Reich
1.4.	Zentral gelenkter Boykott jüdischer Geschäfte
7.4.	Gesetz zur Wiederherstellung des Berufsbeamtentums
1.5.	Pompöse Feiern zum ersten »Tag der nationalen Arbeit«
2.5.	Auflösung der Gewerkschaften
10.5.	Öffentliche Bücherverbrennungen
17.5.	»Friedensrede« Hitlers im Reichstag
21.6.	Betätigungsverbot für die SPD
21.–26.6.	Höhepunkt des SA-Terrors: Köpenicker Blutwoche
27.6.	Rücktritt Hugenbergs
6.7.	Erklärung Hitlers über das Ende der »nationalsozialistischen Revolution«
1.12.	Die NSDAP wird Staatspolizei

1934

30.6.–2.7.	Niederschlagung der angeblichen Röhmrevolte
2.8.	Tod von Hindenburgs; Übernahme des Reichspräsidentenamts durch Hitler; Vereidigung der Reichswehr auf die Person des »Führers«

Weiterführende Literatur

Bracher, Karl Dietrich; Sauer, Wolfgang; Schulz, Gerhard: Die nationalsozialistische Machtergreifung. Studien zur Errichtung des totalitären Herrschaftssystems in Deutschland 1933/34. Köln/Opladen 1960.

Bracher, Karl Dietrich: Die Auflösung der Weimarer Republik. Eine Studie zum Problem des Machtverfalls in der Demokratie. Königstein/Düsseldorf 1984[7].

Bracher, Karl Dietrich; Funke, Manfred; Jacobsen, Hans-Adolf (Hrsg.): Die Weimarer Republik 1918–1933. Politik, Wirtschaft, Gesellschaft. Bonn 1987.

Broszat, Martin: Die Machtergreifung. Der Aufstieg der NSDAP und die Zerstörung der Weimarer Republik. München 1984.

Erdmann, Karl Dietrich; Schulze, Hagen: Weimar. Selbstpreisgabe einer Demokratie. Eine Bilanz heute. Düsseldorf 1980.

Falter, Jürgen: Hitlers Wähler. München 1991.

Gessner, Dieter: Das Ende der Weimarer Republik. Fragen, Methoden und Ergebnisse interdisziplinärer Forschung. Darmstadt 1978.

Hentschel, Volker: Weimars letzte Monate. Düsseldorf 1978.

Horn, Wolfgang: Der Marsch zur Machtergreifung. Die NSDAP bis 1933. Düsseldorf 1972, Neudruck Königstein 1980.

Jasper, Gotthard (Hrsg.): Von Weimar zu Hitler, 1930–1933. Köln 1968.

Jasper, Gotthard: Die gescheiterte Zähmung. Wege zur Machtergreifung Hitlers 1930–1934. Frankfurt a.M. 1986.

Kolb, Eberhard: Die Weimarer Republik. München 1984.

Longerich, Peter: Die braunen Bataillone. Geschichte der SA. München 1989.

Megerle, Klaus: Die nationalsozialistische Machtergreifung. Berlin 1982.

Michalka, Wolfgang; Niedhart, Gottfried (Hrsg.): Die ungeliebte Republik. Dokumente zur Innen- und Außenpolitik Weimars 1918–1933. München 1980.

Michalka, Wolfgang (Hrsg.): Die nationalsozialistische Machtergreifung. Paderborn 1984.

Mommsen, Hans: Die verspielte Freiheit. Der Weg der Republik von Weimar in den Untergang 1918–1933. Berlin 1989.

Peukert, Detlev J.K.: Die Weimarer Republik. Krisenjahre der klassischen Moderne. Frankfurt a.M. 1987.

Schulz, Gerhard: Aufstieg des Nationalsozialismus. Krise und Revolution in Deutschland. Frankfurt a.M. 1975.

Stichwortregister

Verzeichnis der Grafiken und Tabellen

Heyne
BÜCHER

Stich wort

Die neue Informationsreihe im Heyne-Taschenbuch